마인드맵으로 정리하는

한국사 독해

④ 조선 후기

kids' SCHOLE

 **역사 연표를 통해 한국사 흐름을 이해합니다.**

 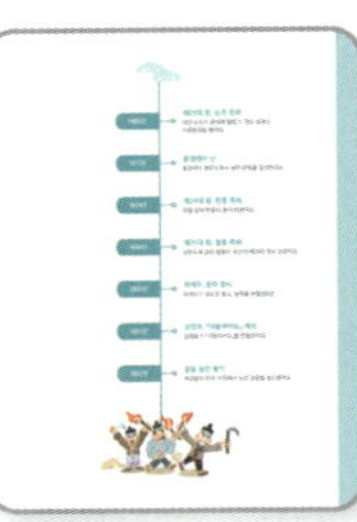

역사 연표

역사 연표를 보고 배울 내용을 먼저 확인합니다.

 **한국사 이야기를 읽고, 문제를 풀며 한국사를 이해합니다.**

꼼꼼하게 읽기

중요하다고 생각되는 문장과 단어에
표시를 하면서 이야기를 꼼꼼하게 읽습니다.

읽은 날

날짜를 쓰면서 스스로
학습 계획을 점검합니다.

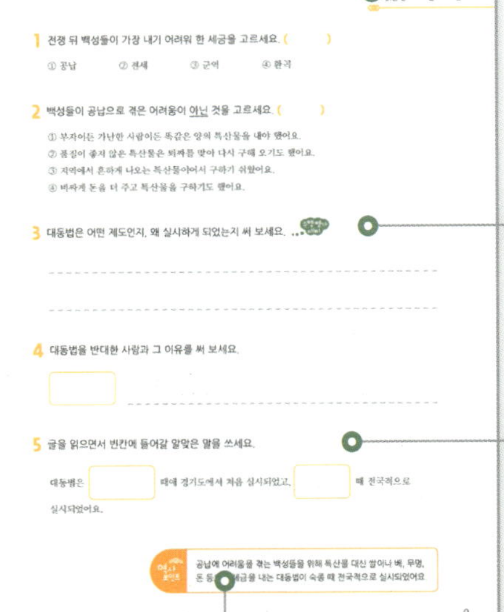

수행·단원 평가 대비

서술형 문제로 수행 평가,
단원 평가에 대비할 수
있습니다.

확인 문제

문제를 풀면서 한국사
이야기에서 꼭 알아야
할 지식을 확인하고
이해합니다.

한국사 이야기

교과서를 중심으로
선정한 다양한 주제의
한국사 이야기를
읽으며 지식을 쌓습니다.

역사 용어

낯설고 어려운 역사 용어를
쉽게 풀이해 내용을
잘 이해하도록 돕습니다.

역사 포인트

한국사 이야기에서 가장
핵심이 되는 내용을 다시 한번
읽으며 정리합니다.

유물과 유적을 보며 한국사에 대한 배경지식을 쌓습니다.

역사가 보이는 유물 유적

유물과 유적을 생생한 사진과 함께 보면서
한국사에 대한 배경지식을 쌓습니다.

재미있는 퀴즈로 한국사에 흥미를 갖습니다.

역사 퀴즈

글자 퍼즐, 사다리 타기, 초성 퀴즈 등 다양하고
재미있는 퀴즈를 풀면서 한국사에 흥미를 갖습니다.

마인드맵으로 한국사를 통합적으로 이해합니다.

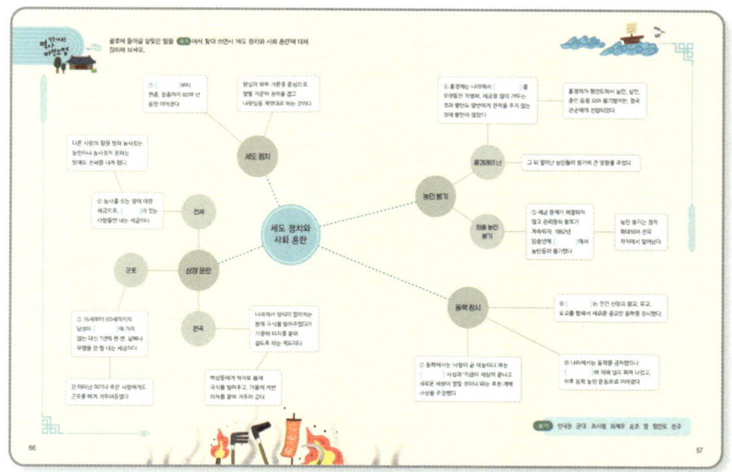

역사 마인드맵

마인드맵으로 내용을 정리하면서 중요 사건과 인물을 다시 한번
확인하고 통합적으로 이해합니다.

차례

전쟁의 극복과 사회 변화

영조, 정조의 개혁 정치

조선 시대 서민 문화와 큰 업적을 남긴 여성들

세도 정치와 백성들의 난

흥선 대원군과 외세의 침입

일본의 만행과 독립 협회 설립

조선 시대

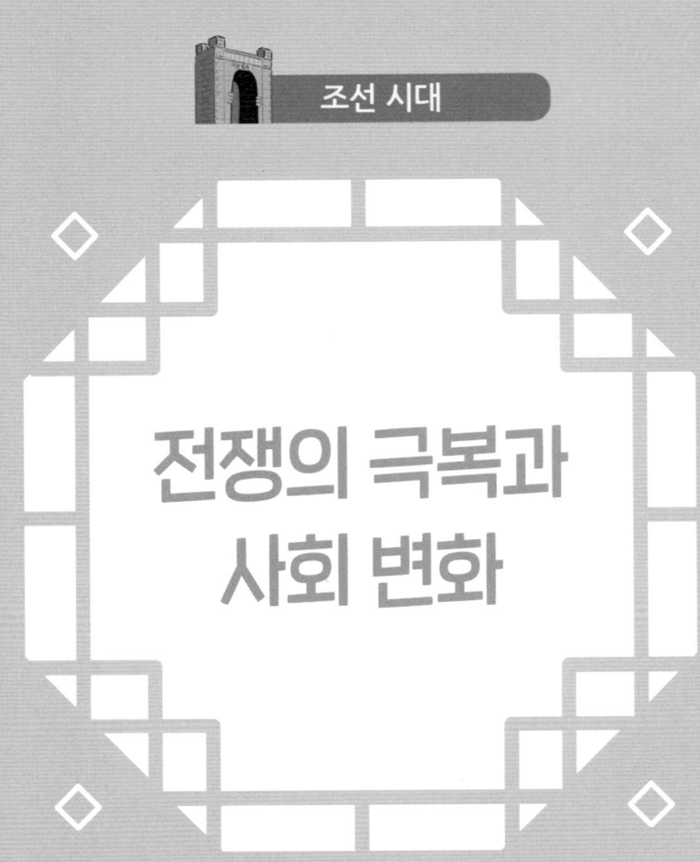

전쟁의 극복과
사회 변화

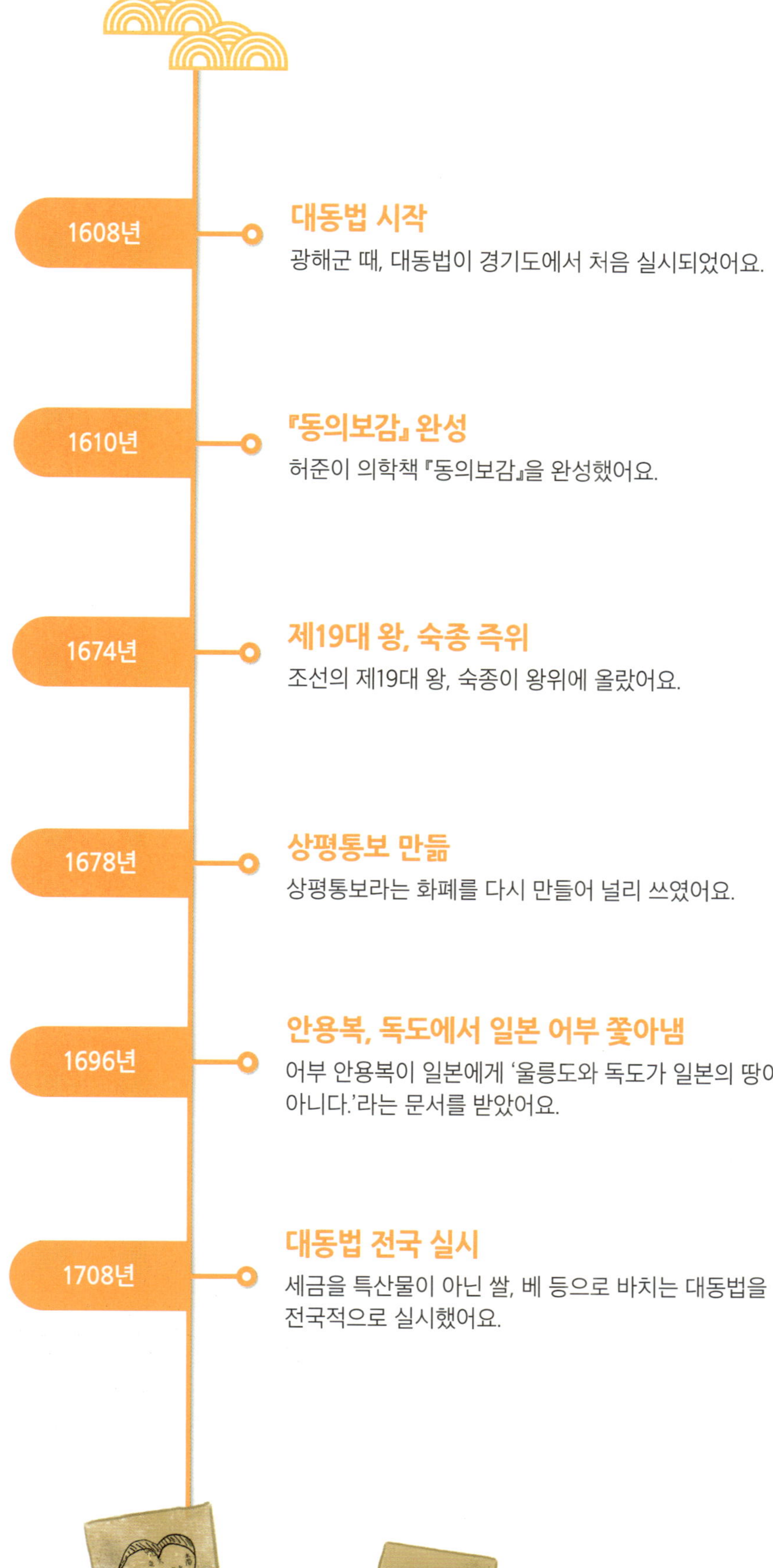

1608년

대동법 시작
광해군 때, 대동법이 경기도에서 처음 실시되었어요.

1610년

『동의보감』 완성
허준이 의학책 『동의보감』을 완성했어요.

1674년

제19대 왕, 숙종 즉위
조선의 제19대 왕, 숙종이 왕위에 올랐어요.

1678년

상평통보 만듦
상평통보라는 화폐를 다시 만들어 널리 쓰였어요.

1696년

안용복, 독도에서 일본 어부 쫓아냄
어부 안용복이 일본에게 '울릉도와 독도가 일본의 땅이 아니다.'라는 문서를 받았어요.

1708년

대동법 전국 실시
세금을 특산물이 아닌 쌀, 베 등으로 바치는 대동법을 전국적으로 실시했어요.

특산물을 쌀로 내는 대동법의 실시

임진왜란과 병자호란을 겪은 뒤 백성들의 생활은 더욱 어려워졌어요. 먹고 사는 것도 힘든 백성들에게 세금을 내는 것은 너무 큰 부담이었어요. 특히 특산물을 내야 하는 공납 때문에 큰 어려움을 겪었어요.

특산물은 구하기 힘들었고, 부자이든 가난한 사람이든 똑같은 양을 내야 했어요. 관리들은 품질이 안 좋은 특산물은 다시 구해 오라고 퇴짜를 놓기도 했어요. 심지어 그 지역에서 나지도 않는 특산물을 세금으로 내라고 하기도 했어요. 사정이 이렇다 보니 원래의 값보다 비싸게 돈을 주고 특산물을 구하는 백성도 생겨났어요.

나라에서는 백성들의 이런 고통과 부담을 덜어 주기 위해 대동법을 실시했어요. 대동법은 특산물 대신 쌀이나 베, 무명, 돈 등으로 세금을 내는 제도예요. 세금의 양은 가지고 있는 토지의 많고 적음으로 정했어요. 토지가 없는 사람은 세금을 내지 않아도 되었지요.

"대동법이 우릴 살리는구나. 구하기 쉬운 쌀이나 베로 세금을 낼 수 있으니 얼마나 좋아."

"만세! 땅이 없는 우리는 이제 세금을 내지 않아도 된대."

농민들은 세금 부담이 줄어서 대동법을 환영했어요. 그러나 넓은 토지를 가진 양반들은 대동법 실시를 반대했어요. 세금을 더 많이 내야 했기 때문이에요.

대동법은 1608년 광해군 때에 경기도에서 처음 실시되었고, 1708년 숙종 때에 이르러 전국적으로 실시되었어요. 양반들의 반대로 전국적으로 실시되는 데에 100년이나 걸렸어요.

경기도 평택시에 있는 대동법 시행 기념비

특산물 어떤 지역에서만 특별하게 생산되는 물건.
공납 그 지역의 특산물로 세금을 내는 것.
숙종 조선의 제19대 왕.

1 전쟁 뒤 백성들이 가장 내기 어려워 한 세금을 고르세요. (　　　　)

① 공납　　　　② 전세　　　　③ 군역　　　　④ 환곡

2 백성들이 공납으로 겪은 어려움이 <u>아닌</u> 것을 고르세요. (　　　　)

① 부자이든 가난한 사람이든 똑같은 양의 특산물을 내야 했어요.
② 품질이 좋지 않은 특산물은 퇴짜를 맞아 다시 구해 오기도 했어요.
③ 지역에서 흔하게 나오는 특산물이어서 구하기 쉬웠어요.
④ 비싸게 돈을 더 주고 특산물을 구하기도 했어요.

3 대동법은 어떤 제도인지, 왜 실시하게 되었는지 써 보세요. … 수행평가 대비

----

4 대동법을 반대한 사람과 그 이유를 써 보세요.

----

5 글을 읽으면서 빈칸에 들어갈 알맞은 말을 쓰세요.

대동법은 ［　　　　］ 때에 경기도에서 처음 실시되었고, ［　　　　］ 때 전국적으로

실시되었어요.

역사 포인트

공납에 어려움을 겪는 백성들을 위해 특산물 대신 쌀이나 베, 무명, 돈 등으로 세금을 내는 대동법이 숙종 때 전국적으로 실시되었어요.

새로운 농사법이 필요해!

전쟁을 겪은 뒤, 조선은 땅이 황폐해졌고 인구도 크게 줄었어요. 이런 힘든 상황 속에서도 농민들은 다시 땅을 일구고 농사를 짓기 시작했어요.

농민들은 적은 사람으로도 넓은 땅에 농사지을 수 있는 방법을 찾았어요. 바로 모내기법이었어요. 모판이라고 부르는 판에 볍씨를 뿌려 모가 자라면, 물을 가둔 논에 옮겨 심는 방법이에요.

모내기법은 튼튼한 모를 골라 심기 때문에 논에 바로 볍씨를 뿌리는 방법인 직파법보다 벼가 잘 자라 더 많은 쌀을 얻을 수 있었어요. 또 잡초와 모를 구별하기 쉬워 잡초를 뽑는 데 드는 일손을 크게 줄일 수 있었어요. 모내기법 덕분에 한 사람이 농사지을 수 있는 땅이 전보다 훨씬 넓어졌어요. 게다가 모가 모판에서 자라는 동안 비는 땅에 보리를 기를 수도 있었지요.

"모내기를 하려면 논에 물이 차 있어야 하는데 가뭄이라도 들면 어쩌지? 아무래도 비가 올 때 미리 물을 모아 두어야겠어."

농민들은 물을 모아 둘 수 있는 저수지와 보 등의 시설도 많이 만들었어요. 점차 모내기법이 전국으로 퍼져 나갔어요.

한편 밭농사는 밭에 씨앗을 흩뿌리는 방법보다 고랑을 파서 씨앗을 심는 방법이 널리 퍼졌어요. 고랑을 파서 심은 작물은 싹도 잘 트고, 바람에 쉽게 쓰러지지 않았지요. 농민들은 고추와 담배, 인삼, 고구마, 감자 등 장에 내다 팔 수 있는 상품 작물도 기르기 시작했어요.

모 옮겨 심기 위해 기른 벼의 싹.
보 둑을 쌓아 논농사에 필요한 물을 담아 두는 곳.
고랑 땅과 땅 사이에 길고 좁게 들어간 곳.

1 글을 읽으면서 모내기법이 무엇인지 빈칸에 들어갈 알맞은 말을 쓰세요.

　　　　　　　　에 볍씨를 뿌려 모가 자라면, 물을 가둔　　　　　　　에 옮겨 심는 방법

2 모내기법의 좋은 점을 세 가지 써 보세요. ··· 수행평가 대비

3 농민들이 저수지와 보 등의 시설을 만든 이유를 써 보세요. ··· 수행평가 대비

4 글을 읽으면서 밭농사는 어떻게 변했는지 빈칸에 들어갈 알맞은 말을 쓰세요.

씨앗을 흩뿌리는 방법보다　　　　　　　을 파서 심는 방법이 널리 퍼졌어요.

5 새로운 농사법이 가져온 모습으로 맞으면 ○, 틀리면 ✕ 하세요.

① 저수지와 보 등의 시설이 많이 만들어졌어요. ────────────── (　)

② 남쪽 지방에서만 모내기법으로 농사를 지었어요. ───────────── (　)

③ 고추와 담배, 인삼, 고구마, 감자 등 상품 작물을 길렀어요. ──────── (　)

④ 밭에 씨앗을 흩뿌리는 방법이 널리 퍼졌어요. ───────────────── (　)

논농사는 모내기법, 밭농사는 고랑을 파서
씨앗을 심는 방법이 널리 퍼졌어요.

장시에서는 무엇을 팔았을까?

대동법이 실시된 뒤 나라에서는 필요한 특산물을 어떻게 구했을까요?

나라에 필요한 물품을 구해다 주는 공인이라고 불리는 상인이 새롭게 등장했어요. 공인들은 나라에서 돈을 받아 한양의 시전이나 지방의 장시를 돌아다니며 과일, 해산물, 화문석, 부채 등 온갖 물건을 사 갔어요. 수공업자를 직접 찾아가 필요한 물건을 사기도 했어요.

장시에는 공인뿐만 아니라 상품 작물을 재배하기 시작한 농민들도 왔어요. 농민들은 감, 배, 사과 같은 과일이나 고추, 담배, 인삼 등의 작물을 직접 장시에 가지고 나와 팔았어요. 여자들 역시 농사짓는 틈틈이 모시나 베, 무명 등을 짜서 장시에 가지고 나왔지요. 수공업자들도 가마솥, 놋그릇, 옹기 등을 만들어 장시에 나왔어요.

이렇다 보니 장시에 나오는 물건들이 다양해졌고, 많은 사람이 필요한 물건을 사고팔기 위해 모여들게 되었어요. 어느새 전국 곳곳에서 장시가 열렸어요. 처음에는 15일이나 10일에 한 번씩 열렸는데, 점차 5일에 한 번씩 열리게 되었어요. 전국의 장시를 찾아다니며 물건을 파는 보부상들도 생겨났어요. 보부상들은 봇짐이나 지게에 물건을 지고 이 장 저 장 떠돌아다녔어요.

1678년 숙종 때, 나라에서는 상평통보라는 화폐를 다시 만들어 물건을 사고팔 때 편리하게 쓰도록 했어요. 쌀이나 무명 등을 화폐처럼 사용하던 백성들은 처음에는 상평통보를 사용하기 꺼려 했어요. 하지만 상평통보의 편리함을 알게 되어 널리 쓰이게 되었어요.

시전 조선 시대에 지금의 종로를 중심으로 만들어진 상설 시장.
장시 조선 시대에 지방에서 서던 시장.
수공업자 손과 간단한 도구를 사용해 물건을 만드는 사람.

1 글을 읽으면서 빈칸에 들어갈 알맞은 말을 (보기) 에서 찾아 쓰세요.

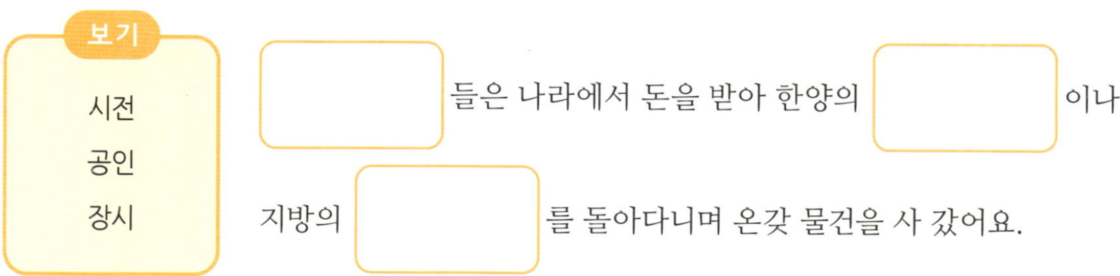

☐ 들은 나라에서 돈을 받아 한양의 ☐ 이나 지방의 ☐ 를 돌아다니며 온갖 물건을 사 갔어요.

2 조선 시대의 장시에 대한 설명으로 옳지 <u>않은</u> 것을 고르세요. (   )

① 농민들이 고추와 담배, 인삼 같은 작물을 가지고 나와 팔았어요.
② 여자들이 농사짓는 틈틈이 짠 모시나 베, 무명 등을 팔았어요.
③ 장시가 활기를 띠면서 5일에 한 번씩 열리기 시작했어요.
④ 보부상들만 장시에서 물건을 팔 수 있었어요.

3 보부상에 대해 설명하는 글을 써 보세요.

보부상

- -

- -

4 숙종 때 만든 화폐의 이름이 되도록 글자에 ◯ 하세요.

| 성 | 상 | 명 | 평 | 주 | 통 | 보 | 원 |

5 숙종 때 백성들이 화폐처럼 사용했던 것은 무엇인지 두 가지 쓰세요.

☐ , ☐☐

어부 안용복의 용기

울릉도와 독도는 오래전부터 우리의 땅이었어요. 그런데 일본의 어부들은 아랑곳하지 않고 울릉도와 독도로 넘어와 물고기를 잡고 나무를 베어 가고는 했어요.

숙종 때의 일이었어요. 조선의 어부 안용복이 울릉도 근처에 나갔다가 고기잡이하는 일본 어부들과 마주쳤어요.

"이놈들! 여기는 조선의 바다이다! 어째서 일본 사람이 고기를 잡고 있느냐?"

안용복은 일본 어부들을 꾸짖었어요. 하지만 일본 어부들은 도리어 안용복을 일본의 오키섬으로 끌고 갔어요. 안용복은 눈 하나 깜작하지 않고, 오키섬의 관리에게 일본 어부가 울릉도에 온 것이 잘못이라며 따졌어요. 안용복의 논리적이고 당당한 모습에 당황한 관리는 일본의 막부에게 어떻게 해야 할지 물었어요.

일본의 막부는 '울릉도와 독도는 일본의 땅이 아니다.'라는 문서를 주고 안용복을 조선으로 돌려보냈어요. 일본 막부는 일본 어부들이 조선의 땅 울릉도와 독도에서 고기잡이하는 것을 금지했어요.

하지만 몇 해가 지나도 여전히 일본 어부들은 울릉도 근처에 와서 고기잡이를 했어요. 안용복은 직접 이 문제를 해결하기로 마음먹었어요. 조선 어부들을 이끌고 일본의 오키섬으로 간 안용복은 다시 한번 일본 어부들이 조선 땅에 넘어온 것을 강하게 항의하고, 일본 막부에게도 이 사실을 전하도록 했어요.

이렇게 안용복은 직접 나서서 울릉도와 독도가 조선의 땅이라는 것을 알렸어요.

오키섬 동해에 있는 일본 섬.
막부 1192년부터 1868년까지 일본을 다스린 무사 정부를 일컫는 말.

1 안용복이 울릉도 근처 바다에서 일본 어부를 꾸짖은 이유는 무엇인지 써 보세요. ···수행평가 대비

---

2 일본에 끌려간 안용복이 오키섬 관리에게 어떤 말을 했는지 써 보세요. ···수행평가 대비

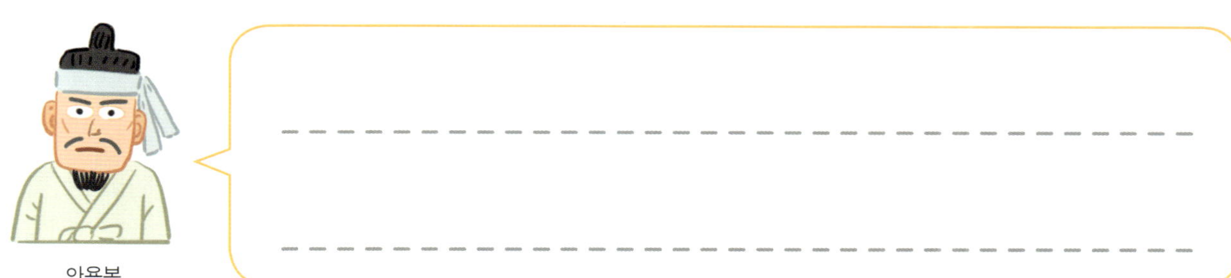

안용복

3 일본 막부가 안용복에게 준 문서의 내용에 맞게 빈칸에 들어갈 말을 쓰세요.

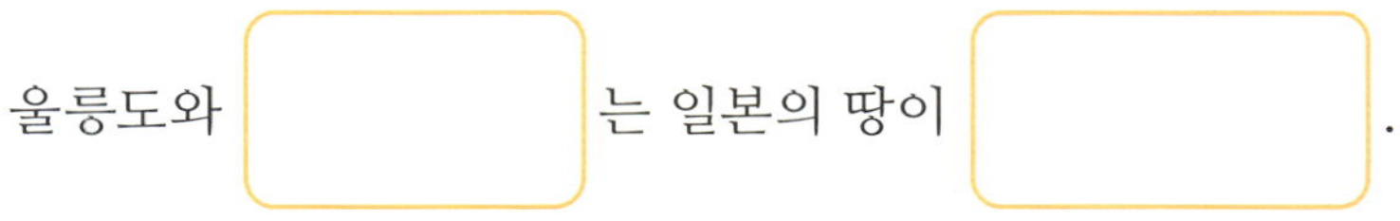

울릉도와 [　　　　]　는 일본의 땅이 [　　　　].

4 안용복의 말을 듣고, 일본 막부는 어떻게 했는지 알맞은 말에 ○ 하세요.

일본 막부는 일본 어부들이 울릉도와 독도에 가서 고기잡이하는 것을

(**허가했어요** / **금지했어요**).

5 안용복이 한 일을 고르세요. (　　　　)

① 울릉도와 독도에서 일본 어부들과 함께 고기잡이를 했어요.
② 일본 어부들을 울릉도로 끌고 와 꾸짖었어요.
③ 일찍이 울릉도와 독도가 조선의 땅이라는 것을 일본에 알렸어요.
④ 일본 막부에게 직접 울릉도와 독도가 조선의 땅이라고 쓴 문서를 전달했어요.

역사 포인트

숙종 때 안용복은 일본에 가서 울릉도와 독도가 조선의 땅이라는 것을 당당하게 알렸어요.

동양 최고의 의학책 『동의보감』

『동의보감』은 궁궐 안에서 왕과 왕실 가족의 건강을 돌보던 내의원 의관 허준이
만든 의학책이에요. 임진왜란이 벌어지던 1596년에 선조의 명령으로 만들기 시작해
광해군 때인 1610년에 완성했어요.

『동의보감』은 어떤 병에 어떤 처방을 내려야 하는지 쉽게 찾아볼 수 있도록 정리되어
있어요. 또 우리 땅에서 자라고 주변에서 쉽게 구할 수 있는 약초를 소개하고 있어요.

『동의보감』은 중국과 일본에도 전해져 한의학 발전에 큰 영향을 주었어요.
그 가치를 인정받아 2009년 유네스코 세계 기록 유산에 등재되었어요.

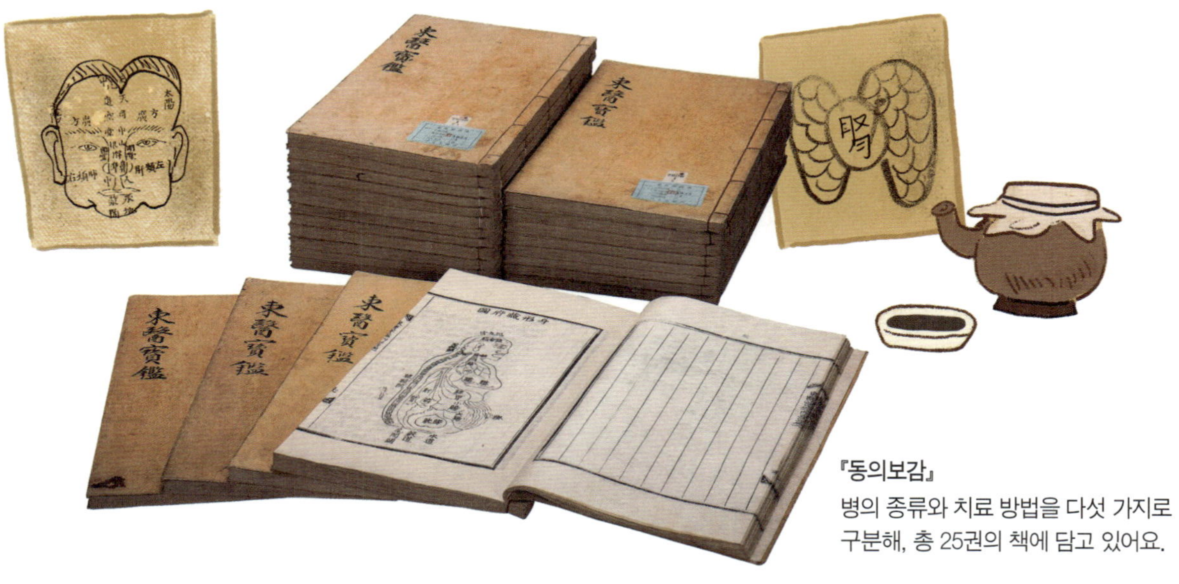

『동의보감』
병의 종류와 치료 방법을 다섯 가지로
구분해, 총 25권의 책에 담고 있어요.

『동의보감』을 쓴 허준

허준은 1539년에 양반 집안의 서얼로 태어났어요. 1569년 무렵, 궁궐에 들어가
내의원 의관으로 왕실의 건강을 돌보았어요. 임진왜란 때는 선조의 어의가 되어
피란길을 함께했지요. 그러나 1608년, 선조가 병으로 세상을 떠나자 어의로서
치료를 잘못했다는 비난을 받고 귀양을 갔어요.
귀양을 간 곳에서 허준은 『동의보감』의 집필에 매달렸어요. 그러다 풀려나
광해군의 어의가 되었고, 1610년에 마침내 『동의보감』을 완성했지요.

○× 퀴즈를 풀어라!

『동의보감』에 관한 글을 읽고, ○×로 답하세요.

1 궁궐의 내의원 의관인 허준이 만들었어요. ------------ 

2 1610년에 광해군의 명령으로 만들기 시작했어요. -------- 

3 외국의 귀한 약초를 소개하고 있어요. ------------------ 

4 중국과 일본에 전해져 한의학 발전에 큰 영향을 주었어요. -- 

5 2009년 유네스코 세계 기록 유산에 등재되었어요. -------- 

괄호에 들어갈 알맞은 말을 보기 에서 찾아 쓰면서 '전쟁의 극복과 사회 변화'와 '안용복의 활약'에 대해 정리해 보세요.

① 공납으로 큰 어려움을 겪는 백성들의 부담을 덜어 주기 위해 (　　　　)을 실시했다.

② (　　　　) 대신 쌀이나 베, 무명, 돈 등으로 세금을 내는 제도이다.

1608년 광해군 때에 경기도에서 처음 실시되었고, 1708년 숙종 때에 전국적으로 실시되었다.

대동법 실시

전쟁의 극복과 사회 변화

고추, 담배, 인삼, 고구마, 감자 등 상품 작물을 기르기 시작했다.

밭농사는 고랑을 파서 씨앗을 심는 방법이 널리 퍼졌다.

농사법의 변화

일손을 크게 줄이고, 더 많은 쌀을 얻을 수 있는 모내기법이 널리 퍼졌다.

③ (　　　　)은 모판에 볍씨를 뿌려 모가 자라면, 물을 가둔 논에 옮겨 심는 방법이다.

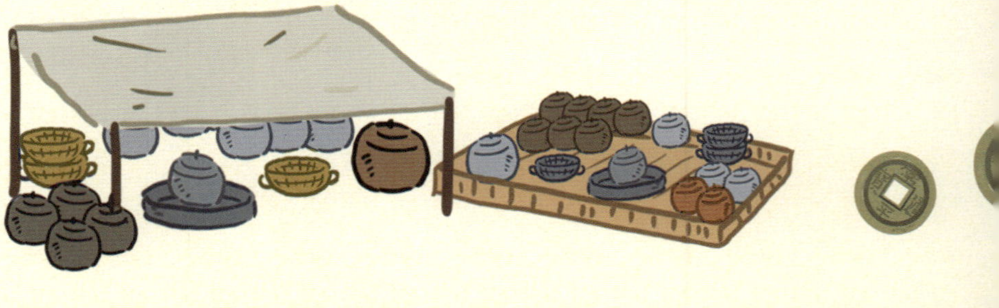

보기 장시 특산물 독도 상평통보 공인 모내기법 대동법

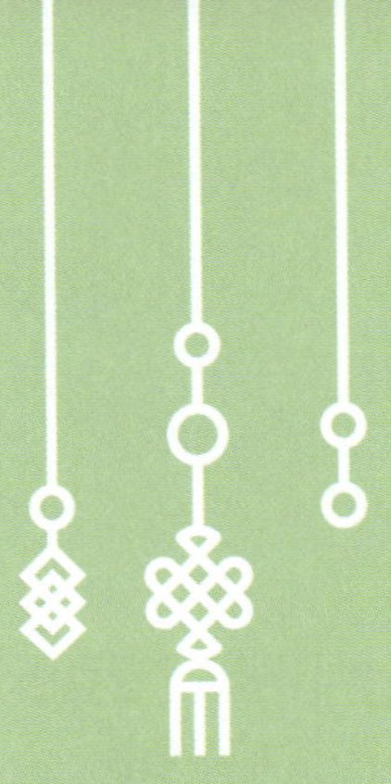

영조, 정조의 개혁 정치

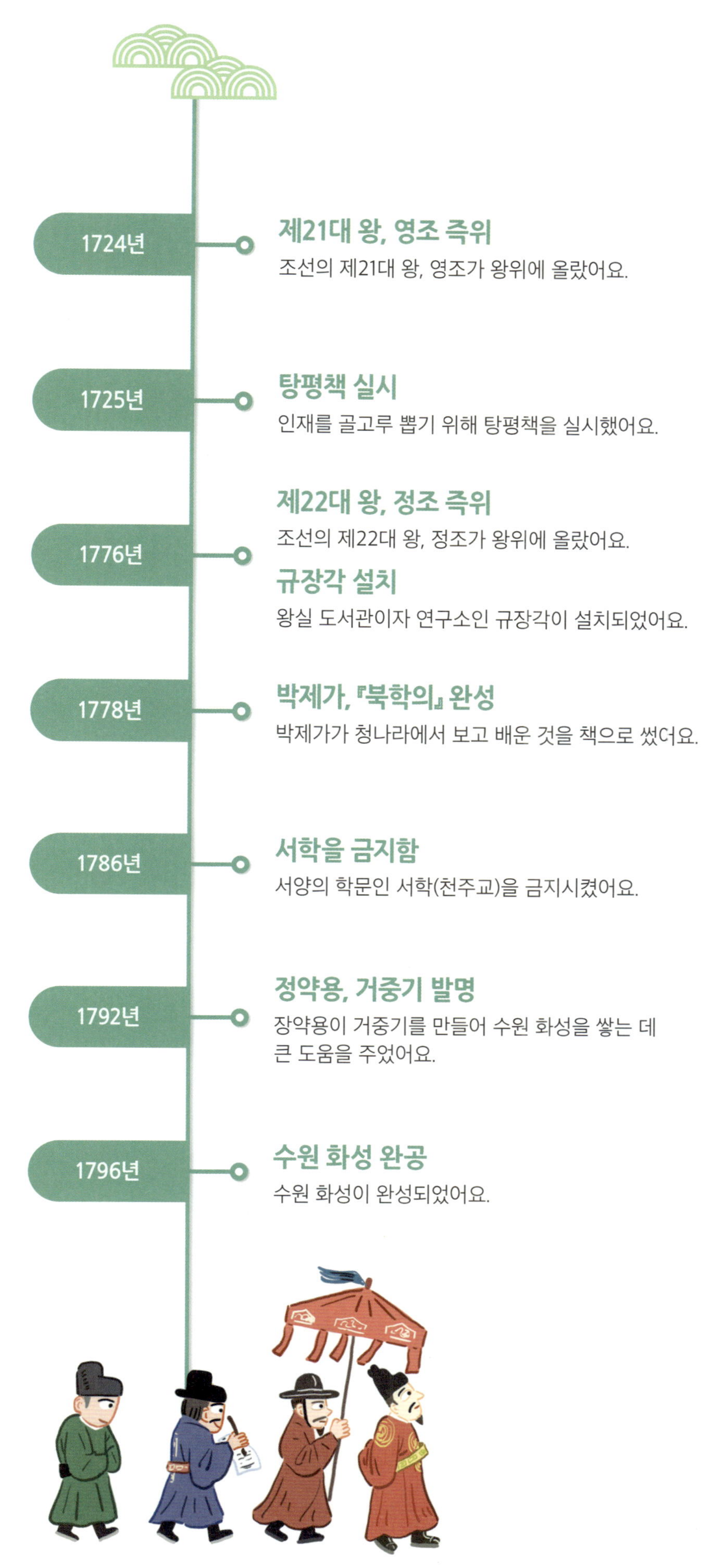

1724년

제21대 왕, 영조 즉위

조선의 제21대 왕, 영조가 왕위에 올랐어요.

1725년

탕평책 실시

인재를 골고루 뽑기 위해 탕평책을 실시했어요.

1776년

제22대 왕, 정조 즉위

조선의 제22대 왕, 정조가 왕위에 올랐어요.

규장각 설치

왕실 도서관이자 연구소인 규장각이 설치되었어요.

1778년

박제가, 『북학의』 완성

박제가가 청나라에서 보고 배운 것을 책으로 썼어요.

1786년

서학을 금지함

서양의 학문인 서학(천주교)을 금지시켰어요.

1792년

정약용, 거중기 발명

정약용이 거중기를 만들어 수원 화성을 쌓는 데 큰 도움을 주었어요.

1796년

수원 화성 완공

수원 화성이 완성되었어요.

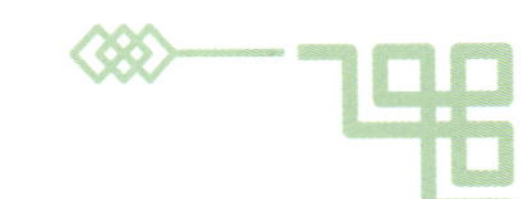

영조, 탕평책을 펼치다

선조 때 다시 권력을 잡게 된 사림은 붕당을 만들었어요. 붕당은 학문이나 정치적으로 같은 생각을 하는 사람끼리 모인 집단이에요.

붕당은 동인과 서인으로 크게 나뉘어졌어요. 그 뒤 동인은 다시 남인과 북인으로, 서인은 노론과 소론으로 또다시 나뉘어지면서 붕당이 복잡해지고 말았어요. 처음에는 붕당 간의 서로 다른 의견이 나라를 이끌어 가는 데 큰 도움이 되었어요. 하지만 점차 권력을 차지하려는 붕당 간의 싸움이 심해지며 나랏일에는 신경 쓰지 않았어요.

영조는 왕이 되기 전 노론과 소론 간의 싸움에 휘말려 여러 차례 목숨을 잃을 뻔했어요. 왕이 된 영조는 붕당 정치가 나라와 백성을 위한 정치가 아니라고 생각했어요. 그래서 붕당 간의 싸움을 없애고 왕권을 강화하기 위해 '탕평책'을 실시했어요.

"탕평책을 실시해 어느 한쪽에도 치우치지 않고, 인재를 골고루 뽑아 쓸 것이다."

영조는 노론과 소론에 상관없이 고르게 인재를 뽑아 관직에 두루 앉혔어요. 점차 북인과 남인 등에서도 인재를 뽑아 썼어요. 그리고 성균관 앞에 탕평비를 세워 탕평책을 널리 알리고, 성균관 유생들에게 붕당을 만들지 말 것을 신신당부했어요.

영조는 신하들에게 녹두묵에 쇠고기볶음, 미나리, 김 등 여러 가지 재료가 잘 어우러진 묵청포를 내놓으며 탕평책의 뜻을 전하고, 이 음식을 탕평채라고 불렀어요.

탕평책 실시로 붕당 간의 싸움이 줄어들어 나라가 안정되었어요.

탕평채

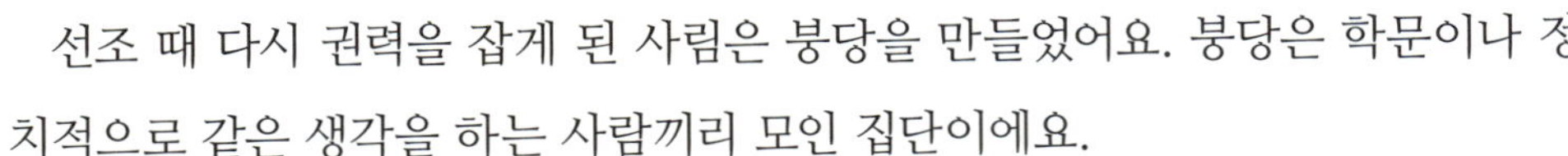

탕평비

영조

영조 조선의 제21대 왕. 사도 세자의 아버지이자 정조의 할아버지.
인재 어떤 일을 할 수 있는 학식이나 능력을 갖춘 사람.

1 글을 읽고, 무엇에 대한 설명인지 쓰세요.

> 학문이나 정치적으로 같은 생각을 하는 사람끼리 모인 집단

2 붕당이 어떻게 나눠졌는지 빈칸에 들어갈 알맞은 말을 쓰세요.

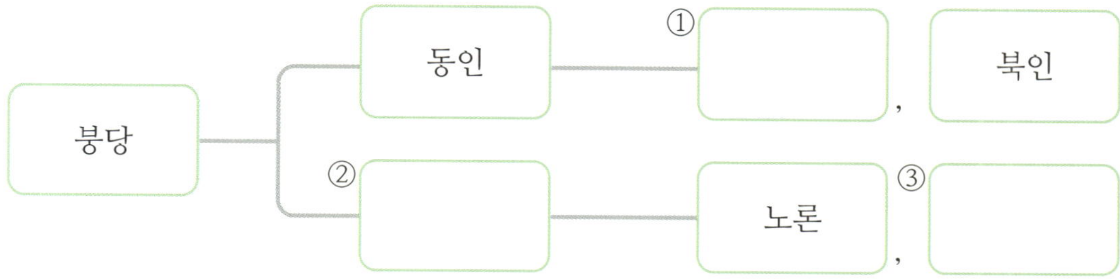

3 붕당에 관한 글을 읽으면서 알맞은 말에 ◯ 하세요.

- 처음에는 붕당 간의 서로 다른 의견이 나라를 이끌어 가는 데
  (**도움이 되었다** / **도움이 되지 않았다**).

- 점차 권력을 차지하려는 붕당 간의 싸움이 심해지며 나랏일에
  (**신경을 썼다** / **신경을 쓰지 않았다**).

4 탕평책은 어떤 정책인지 설명하는 글을 써 보세요. 

- -

5 영조가 탕평책을 실시하면서 한 일이 <u>아닌</u> 것을 고르세요. (　　　)

① 노론과 소론에서 고르게 인재를 뽑아 관직에 앉혔어요.
② 성균관 앞에 탕평비를 세워 탕평책을 널리 알렸어요.
③ 탕평채라는 음식으로 신하들에게 탕평책의 뜻을 전했어요.
④ 성균관 유생들에게 붕당을 만들라고 권했어요.

> **역사 포인트** 영조는 붕당 간의 싸움을 없애기 위해 탕평책을 실시했어요.

새로운 정치를 꿈꾼 정조

영조의 뒤를 이어 정조가 조선의 제22대 왕이 되었어요.

정조는 어린 시절, 아버지인 사도 세자가 붕당 간의 싸움으로 뒤주에 갇혀 죽어 가는 모습을 지켜보았어요. 자신이 왕이 되는 것을 막으려는 세력에게 암살당할 뻔한 일도 있었어요. 그래서 정조는 누구보다도 붕당의 문제점을 잘 알고 있었지요. 정조는 할아버지인 영조의 뜻을 이어 더 강력한 탕평책을 펼쳐 나갔어요.

또 정조는 새로운 정치를 펼치고자 했어요. 왕실 도서관이자 연구소인 규장각을 세우고, 젊고 능력 있는 인재들을 뽑아 규장각에서 학문을 연구하게 했어요.

"훌륭한 인재들이 어떠한 간섭도 받지 않고 오로지 학문 연구에만 힘을 쏟게 할 것이다."

초계문신이라고 불리던 이들은 오로지 학문만을 연구했어요. 정조는 초계문신들을 직접 가르치고 시험을 보게 했어요.

정조는 능력이 뛰어나면 붕당과 신분에 상관없이 관직에 앉혔어요. 그동안 서얼 신분이라 관직에 오르지 못했던 유득공, 박제가, 이덕무 등이 규장각 관리가 되었어요.

정조는 왕이 붕당에 휘말리지 않고 나랏일을 해 나가려면 왕의 힘이 강해야 한다고 생각했어요. 그래서 왕을 지키는 부대인 장용영을 새롭게 만들었어요. 또 수원 화성을 건설해 군사와 상업의 새로운 중심지를 만들고, 왕의 힘을 키우려고 했어요.

규장각

사도 세자 붕당 싸움에 휘말려 27세에 뒤주에 갇혀 죽은 영조의 아들.
서얼 양반의 자손 가운데 첩이 낳은 자식을 가리키는 말. 서자라고도 함.
장용영 왕을 지키기 위해 만든 장용위를 1793년에 더욱 확대해 만든 부대.

1 정조 때 만든 것으로, 각각 무엇인지 쓰세요.

① 왕실 도서관이자 연구소

② 왕을 지키는 부대

2 정조가 규장각을 세운 이유를 써 보세요. 수행평가 대비

3 규장각에서 학문만을 연구하는 사람들을 무엇이라 불렀는지 쓰세요.

4 서얼 유득공이 규장각 관리가 될 수 있었던 이유를 고르세요. (　　　)

① 서얼 신분이었기 때문에

② 규장각을 세웠기 때문에

③ 신분과 상관없이 관리를 뽑았기 때문에

④ 붕당에 속해 있었기 때문에

5 정조가 한 일이 <u>아닌</u> 것을 고르세요. (　　　)

① 탕평책을 금지하고, 젊고 능력 있는 인재를 뽑아 썼어요.

② 규장각을 세우고 새로운 인재들에게 학문을 연구하게 했어요.

③ 장용영을 새롭게 만들어 왕의 힘을 강하게 했어요.

④ 수원 화성을 건설해 군사와 상업의 새로운 중심지를 만들려고 했어요.

정조는 규장각을 세우고, 새로운 인재들을 뽑아 새로운 정치를 펼치고자 했어요.

실생활에 도움이 되는 학문이 있을까?

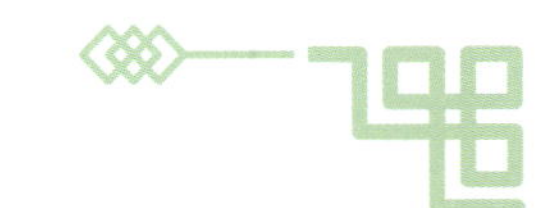

조선 후기에 들어서면서 사회가 빠르게 변했어요. 새로운 농사법으로 농업이 발달했고, 장시가 늘어나면서 상업과 수공업이 발달했지요. 청나라를 통해 발달된 서양의 문물이 들어오면서 사람들의 생각도 바뀌어 갔어요. 하지만 땅이 없는 가난한 농민의 삶은 더욱 어려워졌고, 상인과 물건을 만드는 장인은 여전히 양반에게 무시를 당했어요.

당시 성리학은 철학적 이론만 연구해, 이런 실생활의 문제들을 해결할 수 없었어요. 이런 이유로 백성들의 실생활에 도움이 되는 학문인 '실학'이 등장하게 되었어요.

실학을 연구하는 실학자들은 현실 사회 문제를 해결하기 위해 다양한 주장을 펼쳤어요.

"땅을 빌려 농사를 지으면 가난한 신세를 면치 못합니다. 실제로 농사를 짓는 농민들에게 땅을 나눠 주어야 합니다."

유형원, 이익, 정약용 등은 농민들에게 땅을 나눠 주어야 농민들의 생활을 안정시킬 수 있고 나라도 잘살 수 있다고 생각했어요.

"장사를 하거나 물건을 만드는 일이 천하다고 생각하지 말아야 합니다. 이런 사람들이 많아야 기술이 발전하고, 나라도 발전하게 됩니다."

홍대용, 박지원, 박제가 등은 상업과 공업을 발달시키자고 주장했어요. 이들은 청나라에 가서 수레와 마차를 타고 다니며 편리하게 생활하는 사람들을 보고 돌아와, 청나라의 학문과 기술을 배우자고 주장했어요.

이렇게 실학은 백성들의 현실 문제를 해결하기 위해 만들어진 학문이었어요.

실생활 이론이나 공상이 아닌 실제의 생활.
이익 조선의 실학자로 호는 성호. 제자들을 가르치며 『성호사설』을 씀.
홍대용 조선의 실학자. 천체의 운행과 위치를 관찰하기 위해 혼천의를 만듦.

1 글을 읽으면서 빈칸에 들어갈 알맞은 말을 쓰세요.

＿＿＿은 백성들의 실생활 문제들을 해결하는 데 도움이 되는 학문이에요.

2 실학이 나오게 된 이유를 고르세요. (   )

① 농민이나 상인, 장인의 대우가 좋아졌기 때문에

② 유교 예절을 따르는 것이 더욱 철저해졌기 때문에

③ 서양 문물이 들어와 옛 문물이 쓸모없어졌기 때문에

④ 당시 성리학으로는 실생활의 문제를 해결할 수 없었기 때문에

3 실학자 이익과 박지원이 한 주장은 무엇인지 써 보세요. ···수행평가 대비

이익: ＿＿＿＿＿＿＿＿＿＿＿＿＿＿＿＿＿＿＿＿＿＿＿＿＿＿＿＿＿＿＿

박지원: ＿＿＿＿＿＿＿＿＿＿＿＿＿＿＿＿＿＿＿＿＿＿＿＿＿＿＿＿＿＿

4 실학자 중 농민에게 땅을 나눠 주어야 한다고 주장한 사람들을 모두 찾아 ○ 하세요.

| 홍대용 | 유형원 | 이익 | 박제가 | 정약용 |

5 글을 읽으면서 알맞은 말에 ○ 하세요.

박제가는 (**명나라** / **청나라**)의 학문과 기술을 배우자고 주장했어요.

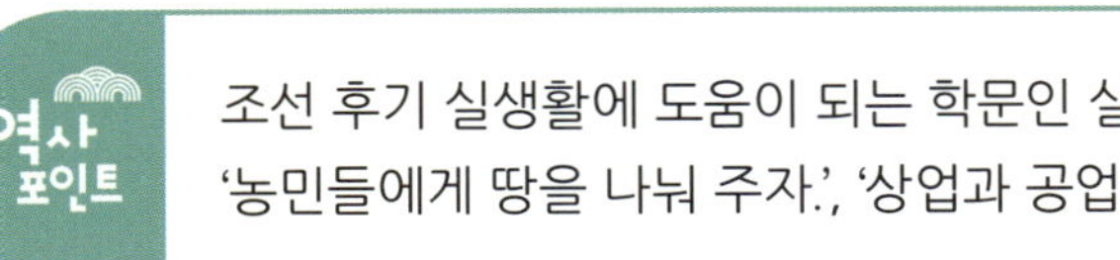

조선 후기 실생활에 도움이 되는 학문인 실학이 등장했어요. 실학자들은 '농민들에게 땅을 나눠 주자.', '상업과 공업을 발달시키자.' 등 다양한 주장을 했어요.

8 박제가는 왜 청나라를 배우자고 했을까?

"가난에서 나라와 백성을 구할 수 있는 가장 좋은 방법은 무엇일까?"

실학자 박제가는 자나 깨나 궁리했어요. 그러던 중 박제가는 사절단을 따라 청나라에 가게 되었어요. 청나라의 수도 연경에 도착한 박제가는 난생처음 보는 광경에 입이 떡 벌어지고 말았어요. 높고 화려한 건물들, 쌩쌩 달리는 수레, 물건을 사고파는 사람들로 북적이는 연경의 모습에 눈이 팽팽 돌 지경이었어요. 박제가는 한 달 동안 연경에 머물며 연경의 구석구석을 살펴보았어요.

조선으로 돌아온 박제가는 『북학의』라는 책을 썼어요. 『북학의』에는 북쪽 나라, 즉 청나라의 앞선 문물을 배우자는 내용이 담겨 있어요.

박제가는 이 책에서 청나라의 수레, 배, 벽돌, 기와 등을 소개하며 조선도 생활 도구와 시설을 개선해야 한다고 주장했어요. 또 나라가 잘살기 위해서는 상공업을 발전시켜야 한다고 했어요. 박제가는 재물을 퍼낼수록 가득 차는 우물에 비유하며, 절약보다는 소비를 북돋워야 생산이 활발해지고 상업이 발전한다고 주장했어요. 또 외국과 활발히 무역을 해야 나라가 잘살 수 있다고도 했어요.

박제가는 자신과 생각이 같은 이덕무, 유득공, 홍대용 같은 학자들과 어울렸는데, 이들을 '북학파'라고 불러요.

박제가와 북학파의 주장은 훗날 개화파로 이어졌어요.

박제가

사절단 나라를 대표해 외국에 임무를 띠고 가는 사람들의 무리.
연경 중국 베이징의 옛 이름.

1 글을 읽으면서 알맞은 말에 ◯ 하세요.

박제가는 (**사절단** / **상인**)을 따라 청나라의 (**연경** / **명주**)에 갔어요.

2 박제가가 청나라에 도착해서 놀란 이유는 무엇인지 써 보세요. ⋯ 수행평가대비

----

3 청나라에서 돌아온 박제가가 쓴 책의 제목과 담긴 내용은 무엇인지 써 보세요. ⋯ 수행평가대비

제목:

담긴 내용:

----

4 박제가가 『북학의』를 통해 주장한 것이 <u>아닌</u> 것을 고르세요. (   )

① 청나라처럼 조선의 생활 도구와 시설을 개선하자.
② 청나라에서 농업 기술을 배워 농업을 발달시키자.
③ 절약보다는 소비를 북돋워야 생산이 활발해진다.
④ 외국과 활발히 무역을 해야 나라가 잘살 수 있다.

5 글을 읽으면서 빈칸에 들어갈 알맞은 말을 쓰세요.

청나라의 앞선 문물을 배우자고 주장한 박제가, 이덕무, 유득공, 홍대용 같은 학자들을

라고 불러요.

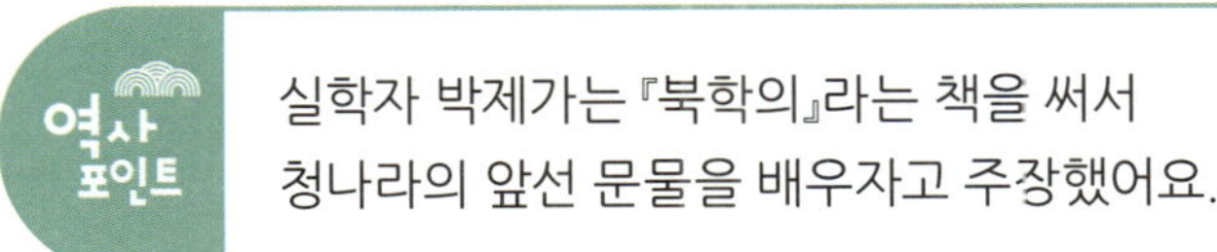

실학자 정약용은 어떤 일들을 했을까?

정약용은 백성들이 잘사는 세상을 꿈꾼 실학자예요.

어느 날, 정조가 정약용을 불러 이야기했어요.

"아버지 묘가 있는 수원에 가려면 매번 한강을 건너야 하는데, 배를 타지 않고 갈 방법은 없겠느냐?"

고민 끝에 정약용은 배들을 붙여서 강에 띄워 연결한 뒤, 그 위에 널빤지를 깔아 배다리를 만들었어요. 정조는 배다리로 무사히 한강을 건너 수원으로 갈 수 있었어요.

정약용은 수원 화성을 쌓을 때 거중기를 만들어 큰 도움을 주었어요. 거중기는 도르래를 이용해 무겁고 커다란 돌을 쉽게 들어 올릴 수 있는 기계예요. 정약용이 중국의 책을 보며 연구해 만든 거중기 덕분에 수원 화성은 계획보다 빨리 완성될 수 있었어요.

정조는 이런 정약용을 무척 아꼈어요. 정약용도 정조를 위해 최선을 다했지요. 하지만 정조가 세상을 떠나자 정약용은 천주교를 믿는다는 이유로 벼슬에서 쫓겨나 귀양을 가게 되었어요.

조그만 바닷가 마을인 강진으로 귀양을 간 정약용은 그곳에서 학문을 연구하고 책을 썼어요. 나라의 법과 제도를 새롭게 바꿔야 한다는 내용의 『경세유표』, 고을의 수령이 지켜야 할 행동과 태도, 마음가짐을 담은 『목민심서』를 썼어요. 그 밖에도 정약용은 백성과 나라에 도움을 주고자 끊임없이 배우고 익혀 500여 권의 책을 남겼어요.

전라남도 강진의 다산 초당

강진 전라남도에 있는 마을. 정약용이 이곳으로 귀양을 가 다산 초당에서 지냄.
수령 각 고을을 맡아 다스리던 지방 관리. 사또, 원님이라고도 함.

1 정약용이 수원 화성을 쌓을 때 만든 기계의 이름과 좋은 점에 대해 써 보세요.

이름: _______________________________________

좋은 점: _______________________________________

2 정약용에 대한 설명으로 옳지 <u>않은</u> 것을 고르세요. (　　　　)

① 배다리를 만들어 정조가 무사히 한강을 건널 수 있게 했어요.
② 거중기를 만들어 수원 화성을 쌓는 데 큰 도움을 주었어요.
③ 실학을 연구하기 위해 스스로 강진으로 내려갔어요.
④ 귀양을 간 곳에서도 실학을 연구하고 책을 썼어요.

3 정약용이 어떤 방법으로 배다리를 만들었는지 써 보세요.

____

4 정약용이 강진으로 귀양을 가게 된 이유를 써 보세요.

____

5 글을 읽고, 정약용이 쓴 책의 제목을 쓰세요.

- 고을의 수령이 지켜야 할 행동, 태도, 마음가짐 등을 담은 책

- 나라의 법과 제도를 새롭게 바꿔야 한다는 책

역사 포인트 정약용은 배다리와 거중기를 만들고, 『경세유표』, 『목민심서』 등 500여 권의 책을 남긴 실학자예요.

10 서양 문물과 서학은 어떤 영향을 끼쳤을까?

청나라에 다녀온 사신들이 조금씩 들여온 발전된 서양 문물은 조선 후기 사회 변화에 영향을 끼쳤어요. 사신들은 청나라에서 세계 지도, 과학 기술에 관한 서적, 화포, 자명종, 천리경 등등을 가져와 소개했어요. 자명종은 정해진 시각이 되면 저절로 소리가 나는 시계이고, 천체를 관찰하거나 지형을 살피는 데 사용하는 망원경인 천리경이 특히 많은 관심을 끌었어요. 애체라고 불린 안경도 이때 들어왔는데, 독서를 하는 사람이 많았기 때문에 인기가 무척 많았어요. 정조도 애체를 이용했어요.

서양 문물을 접하면서 중국을 세상의 중심이라고 여기던 조선 사람들의 생각이 조금씩 바뀌게 되었어요. 중국 이외에 더 넓은 세계가 있다는 것을 깨닫게 된 것이지요.

천주교는 사신들이나 상인들에 의해 소개되었는데, 처음에는 서양 학문의 하나로 받아들여 '서학'이라고 불렸어요. 그러다 점차 천주교를 종교로 믿는 학자들이 늘어났고, 상민들과 부녀자들도 믿으면서 전국적으로 널리 퍼지게 되었어요.

"모든 사람은 평등합니다. 누구나 착하게 살면 천국에 갈 수 있어요."

천주교의 이런 가르침은 신분 제도로 차별받던 백성들에게 새로운 기대를 심어 주었어요.

하지만 나라에서는 천주교를 탄압했어요. 조상에 대한 제사를 거부하고, 모든 사람이 평등하다고 주장하는 천주교가 유교 사회 질서를 무너뜨릴 수 있다고 생각했기 때문이에요. 결국 법으로 천주교를 금지하게 됐고, 천주교를 믿는 많은 사람이 죽거나 처벌을 받았어요.

자명종과 천리경

천주교 교리에 관한 책 『천주실의』

역사 용어

애체 안경의 옛 이름. 당시에는 자신보다 나이가 많거나 지위가 높은 사람 앞에서 쓰지 못했음.
부녀자 어른이 된 여성을 가리키는 말.
탄압 권력으로 억지로 눌러 아무것도 못 하게 함.

1 글을 읽고, 사신들이 들여온 서양 문물 중 무엇인지 쓰세요.

- 정해진 시각이 되면 저절로 소리가 나는 시계

- 천체를 관찰하거나 지형을 살피는 데 사용하는 망원경

2 서양 문물을 접하면서 조선 사람들의 생각이 어떻게 바뀌었는지 써 보세요. … 수행평가 대비

서양 문물을 접하기 전:

서양 문물을 접한 뒤:

3 글을 읽으면서 빈칸에 들어갈 알맞은 말을 쓰세요.

천주교를 서양 학문의 하나로 받아들여 　　　　　 이라고 불렀어요.

4 조선 시대에 다양한 신분의 사람들이 천주교를 믿은 이유는 무엇인지 써 보세요. … 수행평가 대비

5 조선에서 천주교를 탄압한 이유를 모두 고르세요. (　　 , 　　)

① 천주교가 서양에서 들어온 종교였기 때문이에요.
② 천주교가 조상에 대한 제사를 거부했기 때문이에요.
③ 천주교가 관리들은 천국에 갈 수 없다고 했기 때문이에요.
④ 천주교가 모든 사람이 평등하다고 주장했기 때문이에요.

청나라에서 세계 지도, 자명종, 천리경 등 서양 문물이 들어왔고, 서학이라고 불린 천주교가 상민과 부녀자 사이에 널리 퍼졌어요.

정조의 꿈이 담긴 수원 화성

수원 화성은 정조가 군사와 상업의 새로운 중심지를 만들기 위해 경기도 수원에
지은 성곽이에요. 수원 화성은 처음부터 철저하게 계획해 사람들이 사는 읍성과
적을 막을 수 있는 방어용 산성을 하나로 합해 성곽 도시로 지었어요.
성곽을 지을 때는 동양과 서양의 새로운 과학적 지식과 기술을 활용했어요.
특히 도르래 원리를 이용한 거중기를 사용해 공사 기간을 크게 줄일 수 있었어요.
1997년 유네스코 세계 문화유산에 등재되었어요.

서북공심돈
적을 감시하는 망루로, 나선형의
계단이 있어 오르내릴 수 있어요.

화홍문(북수문)
수원 화성의 북쪽 수문으로, 하천 물의
높낮이를 조절하는 역할을 했어요.

수원 화성

수원 팔달문
수원 화성의 남쪽 문으로, 반달 모양의
옹성이 문을 둘러싸고 있어요.

수원 방화수류정(동북각루)
주변을 감시하는 전망대로, 병사들이
따듯하게 지낼 수 있도록 바닥에
온돌이 설치되어 있어요.

글자를 찾아라!

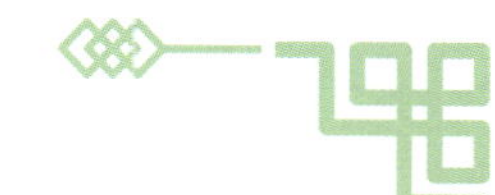

수원 화성 유적에 대한 설명을 읽고, 글자판에서 설명에 맞는 유적 이름을 찾아 번호와 같은 색으로 묶으세요.

1 병사들이 따듯하게 지낼 수 있도록 온돌이 설치된 전망대예요.

2 적을 감시하는 망루로, 나선형의 계단이 있어요.

3 북쪽 수문으로, 하천 물의 높낮이를 조절했어요.

4 남쪽 문으로, 반달 모양의 옹성이 문을 둘러싸고 있어요.

성	수	원	화	홍	문	군
리	원	사	거	중	서	사
학	팔	도	란	정	북	용
사	달	세	영	조	공	서
화	문	자	탕	평	심	얼
천	주	교	수	벌	돈	붕
수	원	방	화	수	류	정
성	개	원	호	박	약	나

괄호에 들어갈 알맞은 말을 [보기]에서 찾아 쓰면서 '영·정조의 개혁 정치'와 '실학과 서양 문물'에 대해 정리해 보세요.

① 영조가 ( ) 간의 싸움을 없애기 위해 실시했다.

여러 붕당에서 인재를 골고루 뽑아 쓰는 정책이다.

탕평책 실시

영조

왕을 지키는 부대이다.

장용영 설치

정조

영·정조의 개혁 정치

왕실 도서관이자 연구소이다.

규장각 세움

수원 화성 지음

나라에서는 조상에 대한 제사를 거부하고, 모든 사람이 평등하다고 주장하는 천주교를 탄압했다.

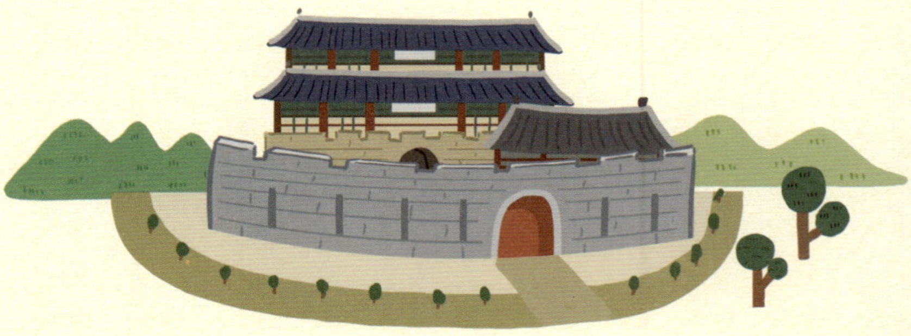

③ ( )을 건설해 군사와 상업의 새로운 중심지를 만들려고 했다.

② 정조는 ( )을 통해 자신과 함께 새로운 정치를 펼칠 인재를 길러 냈다.

유형원, 이익, 정약용은 농민들에게 땅을 나눠 주어야 농민들의 생활을 안정시킬 수 있다고 주장했다.

⑥ 홍대용, 박지원, 박제가는 (　　　　)과 공업을 발달시키자고 주장했다.

『경세유표』와 『목민심서』 등 약 500여 권의 책을 썼다.

⑤ (　　　　)은 실생활의 문제들을 해결하는 데 도움이 되는 학문이다.

⑦ 청나라의 학문과 기술을 배우자고 주장해 (　　　　)라고 불렸다.

정약용

실학 등장

박제가

④ 도르래를 이용해 커다란 돌을 쉽게 들어 올릴 수 있는 기계인 (　　　　)를 만들어 수원 화성을 쌓을 때 큰 도움을 주었다.

청나라에 다녀와 『북학의』라는 책을 썼다.

실학과 서양 문물

서학

서양 문물의 전래

⑧ 처음에는 천주교를 서양 학문의 하나로 받아들여 (　　　　)이라고 불렀다.

청나라에 다녀온 사신들은 세계 지도, 과학 기술에 관한 서적, 화포, 자명종, 천리경 등을 들여와 소개했다.

조선 시대

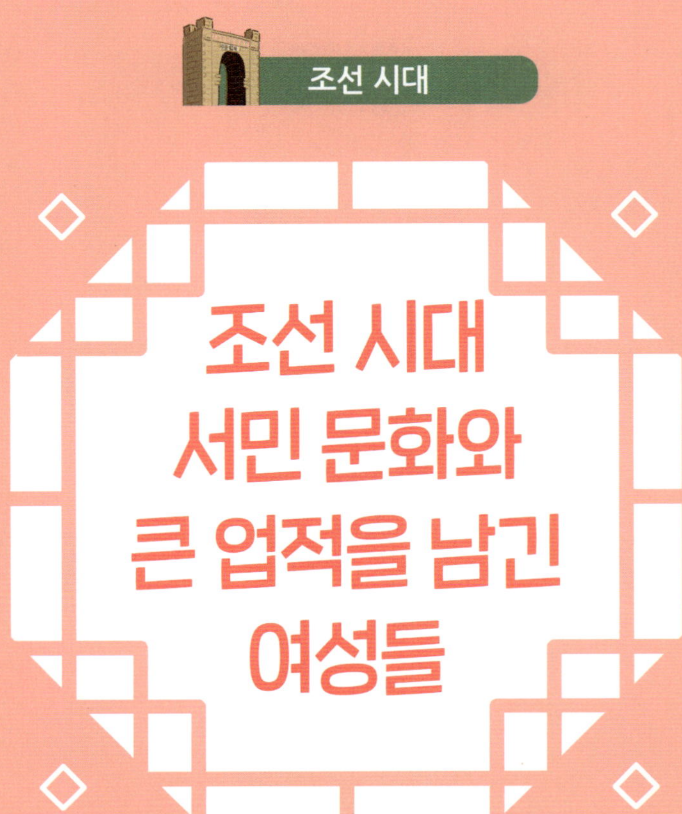

조선 시대
서민 문화와
큰 업적을 남긴
여성들

1795년

김만덕, 백성들에게 쌀을 나누어 줌

김만덕이 굶주림에 시달리던 제주도 백성들에게
쌀을 나누어 주었어요.

1796년

김홍도, 『병진년 화첩』 펴냄

김홍도가 산수화와 풍속화 등의 그림을 모아
『병진년 화첩』이라는 책을 펴냈어요.

서민의 모습이 담긴 풍속화의 발달

조선 후기에는 농업과 상업이 발달하면서 경제적으로 여유가 생긴 중인과 상민이 늘어났어요. 생활에 여유가 생긴 서민들은 문학과 예술에 관심을 갖기 시작했고, 이들만의 서민 문화가 발달했어요.

풍속화가 크게 유행했는데 서민들의 생활 모습을 생동감 있게 표현한 그림이에요. 대표적인 풍속화가로 단원 김홍도와 혜원 신윤복이 있어요.

단원 김홍도는 도화서의 화원으로, 임금님의 초상화인 어진을 세 번이나 그릴 정도로 실력이 뛰어난 화가였어요. 김홍도를 아낀 정조는 백성들이 살아가는 모습을 그리도록 했어요. 그래서 김홍도는 서당, 대장간, 주막, 씨름판 등을 다니며 서민들의 모습을 관찰하고, 빠른 붓놀림으로 그 모습을 정감 있게 표현했어요. 특히 김홍도는 인물들의 다양한 표정과 움직임을 실감 나게 표현해 당시 서민들의 생활 모습을 생생하게 전해 주고 있어요.

김홍도에 버금가는 풍속화가는 바로 혜원 신윤복이에요. 신윤복은 도화서 화원이었던 아버지 신한평과 김홍도의 영향을 많이 받았어요. 신윤복은 주로 양반들과 여인들의 일상을 가늘고 부드러운 선과 아름다운 색으로 표현했어요.

신윤복의 「미인도」는 동그랗고 작은 얼굴에 가느다란 눈썹과 쌍꺼풀 없이 긴 눈매를 가진 여성의 모습을 그린 그림으로, 우리나라의 전통적인 미인의 모습을 보여 주어요.

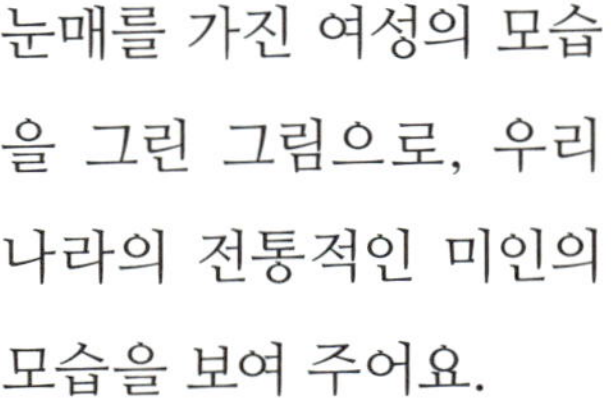

김홍도 「씨름」

신윤복 「미인도」

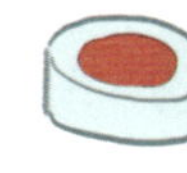

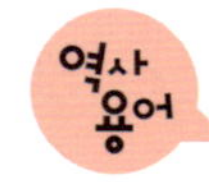

1 글을 읽으면서 빈칸에 들어갈 알맞은 말을 쓰세요.

조선 후기에는 서민들의 생활 모습을 생동감 있게 표현한 [   ] 가 크게 유행했어요.

2 그림의 특징에 맞는 풍속화가를 찾아 줄로 이으세요.

| 서민들의 모습을 빠른 붓놀림으로 정감 있게 표현했어요. ● | ● 신윤복 |

| 주로 양반들과 여인들의 일상을 가는 선으로 표현했어요. ● | ● 김홍도 |

3 김홍도의 풍속화로 알 수 있는 것이 무엇인지 써 보세요. ... 수행평가 대비

---

4 신윤복이 영향을 받은 두 사람은 누구인지 쓰세요.

[   ][   ][   ] , [   ][   ][   ]

5 우리나라의 전통적인 미인의 모습을 볼 수 있는 신윤복의 작품은 무엇인지 쓰세요.

[   ][   ][   ]

서민 문화가 발달하면서 서민들의 생활 모습을 생동감 있게 표현한 풍속화가 유행했어요.

12

백성들이 한글 소설을 즐겨 읽었다고?

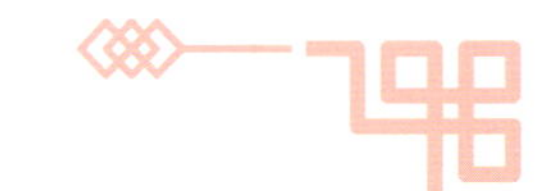

조선 후기에는 한글을 익힌 서민들이 늘어나면서, 한글 소설이 널리 읽히며 엄청난 인기를 끌었어요. 그동안 책은 양반들이 과거 시험을 치르기 위해 보았는데, 한글 소설은 주로 서민들과 여성들이 재미를 얻기 위해 읽었어요.

한글 소설은 한글을 몰라도 즐길 수 있었어요. 글을 모르는 사람을 위해 책을 읽어 주는 '전기수'라는 직업이 생겼기 때문이에요. 전기수는 사람들이 많이 모인 곳에서 돈을 받고 손짓과 몸짓을 섞어 가며 실감 나게 소설을 읽어 주었어요. 사람들 반응에 따라 내용을 조금씩 바꿔 가며 읽어 주기도 했어요.

사람들이 한글 소설을 많이 찾자 책을 빌려주는 곳인 '세책가'도 생겼어요. 사람들은 세책가에서 돈을 주고 한글 소설책을 빌려 읽었어요. 당시 인기 있던 한글 소설은 『홍길동전』, 『춘향전』, 『흥부전』, 『심청전』, 『장화홍련전』 등이었어요.

『홍길동전』은 허균이 쓴 최초의 한글 소설이에요. 서얼 출신인 홍길동이 의로운 도적이 되어 못된 관리를 혼내 주고, 율도국이라는 새로운 나라를 세운다는 내용이에요. 조선의 신분 제도를 비판하고 관리들의 잘못을 꼬집고 있어요. 『춘향전』은 기생의 딸 성춘향과 양반집 도령 이몽룡의 사랑 이야기를 통해 신분 차별을 비판하고 있지요.

이처럼 한글 소설에는 재미뿐 아니라 서민들의 소망과 양반 사회에 대한 비판도 담겨 있었어요.

한글 소설 한글로 쓰인 소설 형식의 글. 주로 악한 사람은 벌을 받는다는 내용이 많았음.
허균 조선의 문신으로, 서얼을 차별하는 사회 제도에 반대함. 허난설헌의 남동생임.

1 조선 후기에 한글 소설이 유행하게 된 이유를 고르세요. (　　　　)

① 양반들도 한글 소설을 좋아했기 때문이에요.

② 한글을 익힌 서민들이 늘어났기 때문이에요.

③ 서민들이 한글 소설을 많이 썼기 때문이에요.

④ 신분 제도가 무너졌기 때문이에요.

2 글을 읽고, 무엇에 대한 설명인지 쓰세요.

- 글을 모르는 사람을 위해 책을 읽어 주는 사람
- 한글 소설책을 빌려주는 곳

3 조선 후기에 인기 있었던 한글 소설을 세 가지 써 보세요.

4 허균이 쓴 최초의 한글 소설 제목과 그 책을 쓴 이유를 써 보세요. ···수행평가 대비

제목:

쓴 이유:

5 신분 차별을 비판하고 있는 한글 소설을 고르세요. (　　　　)

①『심청전』　　　　②『춘향전』　　　　③『장화홍련전』　　　　④『흥부전』

역사 포인트

한글을 익힌 서민들이 늘어나면서 최초의 한글 소설인『홍길동전』을 비롯해『춘향전』,『심청전』,『흥부전』등의 한글 소설이 널리 읽혔어요.

판소리와 탈놀이를 통해 흥겹게 놀아 보세!

조선 후기에는 장터처럼 사람이 많이 모인 곳에서 판소리와 탈놀이 공연이 열렸어요. 판소리는 소리꾼이 북을 치는 고수의 장단에 맞춰 노래를 부르며, 중간중간 말과 몸짓을 곁들여 이야기를 전하는 공연이에요. 구경꾼들은 '얼씨구', '잘한다' 등의 추임새를 넣기도 하고, 박수도 치면서 즐겁게 참여했어요. 소리꾼은 구경꾼들의 반응을 보며 그 자리에서 내용을 더하거나 빼기도 하며 더욱 흥미롭게 공연을 했지요.

양반들은 처음에 판소리를 백성들이 즐기는 노래라고 천하게 여겼어요. 하지만 점차 양반들도 판소리의 재미에 빠져들었어요. 집으로 소리꾼을 불러 판소리 공연을 즐기기도 했지요. 이렇게 판소리는 서민과 양반 모두에게 사랑받는 문화가 되었어요.

원래 판소리는 열두 마당이었는데, 지금은 「심청가」, 「흥부가」, 「춘향가」, 「수궁가」, 「적벽가」의 다섯 마당만 전해지고 있어요.

탈놀이는 탈을 쓴 광대가 춤을 추면서 서민들의 생각을 솔직하게 표현한 공연이에요. 광대는 탈을 쓴 채 하고 싶은 말을 다 쏟아 냈는데, 주로 양반을 비꼬는 내용이 많았어요.

"하하하, 아이고 통쾌해! 속이 다 시원하구먼!"

서민들은 탈놀이를 보며 양반에게 쌓인 불만을 시원하게 풀었어요. 황해도 봉산 탈춤, 고성 오광대, 안동 하회 별신굿 탈놀이, 송파 산대놀이 등의 탈놀이가 많은 사랑을 받으며 인기를 끌었어요.

판소리

탈놀이 탈을 쓰고 하는 공연으로, 탈춤이라고도 불림.
추임새 흥을 돋우기 위해 곁들이는 말.
마당 판소리의 단락을 세는 단위.

1 주어진 말을 이용해 판소리가 무엇인지 설명하는 글을 써 보세요. ⋯

> 소리꾼　고수
> 노래　이야기

----

2 판소리에 대한 설명으로 맞으면 ◯, 틀리면 ✕ 하세요.

① 장터처럼 사람이 많이 모인 곳에서 공연했어요. --------------------------------- (　　　)

② 탈을 쓰고 양반을 비꼬는 내용의 노래를 불렀어요. ------------------------------- (　　　)

③ 서민과 양반 모두에게 사랑받았어요. --- (　　　)

④ 원래 다섯 마당이었고, 현재는 세 마당만 전해져요. ------------------------ (　　　)

3 지금까지 전해지는 판소리 다섯 마당이 <u>아닌</u> 것을 고르세요. (　　　　　)

①「심청가」　　　　　②「춘향가」　　　　　③「수궁가」　　　　　④「황조가」

4 탈놀이에 관한 글을 읽으면서 빈칸에 들어갈 알맞은 말을 쓰세요.

탈놀이는 [　　　　]들의 생각을 솔직하게 표현했고, [　　　　]을 비꼬는 내용이 많았어요.

5 조선 시대에 인기 있었던 탈놀이를 쓰세요.

황해도 ________________, 고성 ______________, 안동 ________________,

송파 ______________

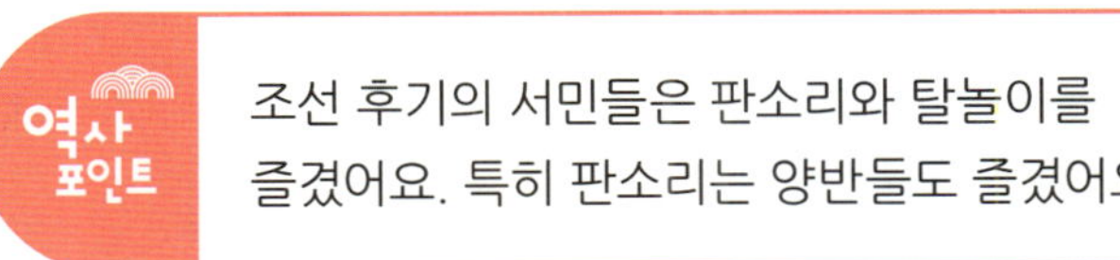

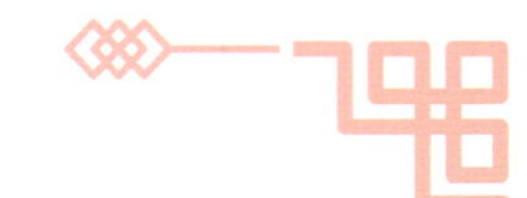

조선의 여성들은 어떤 삶을 살았을까?

고려 시대의 여성은 남성과 차별 없이 부모의 재산을 물려받고 제사를 지냈으며, 재혼도 자유롭게 할 수 있었어요. 이런 여성의 지위는 조선 초기까지 이어졌어요. 조선 초기만 해도 여성은 결혼하고 오랫동안 친정집에서 살기도 했고, 남편이 죽으면 재혼도 할 수 있었어요.

하지만 조선 중기 이후 유교 질서가 강조되면서 이런 모습은 점차 사라지게 되었어요. 남녀가 다르다는 것을 강조하고, 남녀를 엄격하게 구분했어요. 조선은 점점 남성 중심의 사회로 바뀌었지요.

여성은 결혼을 하면 반드시 남편의 집으로 가서 시부모를 모시고 살아야 했어요. 시부모의 허락 없이는 친정에도 마음대로 갈 수 없었어요. 제사는 반드시 첫째 아들인 장남이 지내도록 했고, 재산도 장남에게 가장 많이 물려주었어요.

양반 여성은 남성과 다른 공간에서 지내며 자식을 키우고 집안일에 필요한 바느질이나 학문만 교육받았어요. 과거 시험을 치르기 위한 유학 교육은 남성만 받을 수 있었어요.

또 여성은 '삼종지도'의 세 가지 도리를 지켜야 했어요. 어려서는 아버지를 따르고, 결혼해서는 남편을 따르고, 늙어서는 아들을 따라야 한다는 것이었어요. 조선의 여성은 자유롭지 못한 삶을 살았어요. 결혼을 하면 평생 남편과 자식을 뒷바라지하며 살아야 했어요. 사회 활동은 거의 참여하지 못했고, 외출할 때는 장옷으로 얼굴을 가려야 했어요. 그리고 남편이 죽더라도 재혼할 수 없었어요.

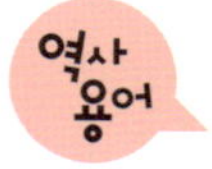

역사 용어

재혼 다시 결혼하는 것.
시부모 남편의 아버지와 어머니를 아울러 이르는 말.

1 글을 읽으면서 맞으면 ◯, 틀리면 ✗ 하세요.

① 고려 시대의 여성은 남성과 차별 없이 재산을 물려받았어요. ------------------- (　　　　)

② 고려 시대의 여성은 제사를 지낼 수 없었어요. ------------------------- (　　　　)

③ 조선 초기의 여성은 결혼하고 친정집에서 살기도 했어요. ------------------- (　　　　)

④ 조선 초기의 여성은 남편이 죽으면 재혼을 할 수 있었어요. --------------- (　　　　)

2 조선 중기 이후 사회가 어떻게 바뀌었는지 빈칸에 들어갈 알맞은 말을 쓰세요.

　　　　　　　　　 질서가 강조되면서 　　　　　　　　 중심의 사회로 바뀌었어요.

3 양반 여성과 남성은 각각 어떤 교육을 받는지 써 보세요.

여성:

남성:

4 조선 후기 여성들이 지켜야 할 삼종지도의 세 가지 도리를 써 보세요. 

5 조선 중기 이후 여성의 생활 모습으로 옳지 <u>않은</u> 것을 모두 고르세요. (　　　,　　　)

① 여성은 결혼하면 남편의 집에서 시부모를 모시고 살았어요.

② 남편이 죽으면 자유롭게 재혼할 수 있었어요.

③ 양반 여성은 외출할 때 장옷으로 얼굴을 가려야 했어요.

④ 사회 활동에 자유롭게 참여할 수 있었어요.

> **역사 포인트** 조선 중기 이후 유교 질서가 강조되면서 남성 중심의 사회로 바뀌어 여성의 지위가 낮아졌어요.

15 어려움을 이겨 내고 훌륭한 업적을 남긴 세 여성

조선 시대의 여성은 삶이 자유롭지 못하고, 남성보다 능력을 발휘할 수 있는 기회가 적었어요. 그럼에도 불구하고 훌륭한 업적을 남긴 여성들이 있었어요.

신사임당은 시와 글씨, 그림 등에 뛰어난 능력을 보인 여성이에요. 풀벌레, 포도, 꽃, 난초 등을 많이 그렸는데, 특히 풀과 풀벌레를 그리는 초충도를 잘 그렸어요. 신사임당이 그린 「초충도」는 그림 속 벌레가 살아 있는 줄 알고 닭이 쪼았다는 이야기가 전해질 정도로 생생하고 섬세했어요. 신사임당은 자녀들도 훌륭하게 키웠는데, 조선 시대의 뛰어난 학자로 존경받는 율곡 이이의 어머니이기도 해요.

허난설헌은 어려서부터 글재주가 뛰어났던 천재 시인이었어요. 그러나 15세에 결혼하면서 불행해졌어요. 시어머니는 시를 짓는 며느리를 좋아하지 않았고 남편도 똑똑한 아내를 부담스러워했어요. 허난설헌은 시를 쓰며 이 상황을 잊어 보려 노력했어요. 하지만 사랑하는 아버지와 오빠, 자식들까지 연달아 잃게 되자 몸이 쇠약해져 27세라는 꽃다운 나이에 죽고 말았어요. 허난설헌의 시는 그녀가 죽은 뒤 남동생 허균이 모아 『난설헌집』이라는 책을 내며 세상에 알려졌어요. 여성이라는 이유로 조선에서는 인정받지 못했지만 그녀의 시는 중국과 일본에 소개되며 인정도 받고, 큰 인기도 얻었지요.

김만덕은 제주도에서 가난한 상민의 딸로 태어났는데, 많은 돈을 번 큰 상인으로 자랐어요. 그러던 중 제주도에 큰 흉년이 들어 사람들이 굶어 죽을 위기에 처하자, 김만덕은 그동안 모은 돈으로 육지에서 쌀을 구해 와 아낌없이 나누어 주었어요. 정조는 이 일을 크게 칭찬하며 글로 남기도록 했어요.

이이 조선의 학자. 9번이나 장원 급제했고, 임진왜란 이전에 10만 양병설을 주장함.
『난설헌집』 동생 허균이 친정집에 보관되어 있던 작품을 모아 펴낸 허난설헌의 시문집.

1 다음 그림을 그린 조선 시대의 여성은 누구인지 쓰세요.

풀과 풀벌레를 그린 「초충도」

2 글을 읽으면서 빈칸에 들어갈 알맞은 말을 쓰세요.

신사임당은 조선 시대의 뛰어난 학자인 율곡 [　　　　] 의 어머니예요.

3 허난설헌에 대한 설명으로 맞으면 ○, 틀리면 ✕ 하세요.

① 시어머니와 남편이 시 짓는 것을 도와주었어요. ----------------------- (　　　)
② 어려서부터 글재주가 뛰어났던 천재 시인이었어요. ---------------------- (　　　)
③ 여성이라는 이유로 조선에서는 재능을 인정받지 못했어요. --------------- (　　　)
④ 남편은 시를 잘 쓰는 허난설헌을 존경했어요. ------------------------- (　　　)

4 글을 읽으면서 빈칸에 들어갈 알맞은 말을 쓰세요.

남동생 허균은 허난설헌이 쓴 시를 모아 [　　　　　] 이라는 책을 냈어요.

5 김만덕이 어떤 훌륭한 업적을 남겼는지 써 보세요. 

- -

여성의 삶이 자유롭지 못하고, 남성보다 능력을 발휘할 기회가 적었던 조선 시대에 신사임당, 허난설헌, 김만덕은 훌륭한 업적을 남겼어요.

서민들의 소망을 표현한 **민화**

민화는 조선 후기에 서민들 사이에서 유행한 그림이에요. 주로 주변에서 쉽게 볼 수 있는 꽃이나 동물 등을 그려 서민들의 소망을 표현했어요.

서민들은 민화를 사서 벽이나 창문에 걸거나 병풍으로 만들어 집 안을 장식했어요.

작호도
까치가 좋은 소식을 전해 주고, 호랑이가 나쁜 일을 막아 주기를 바라는 마음이 담겨 있어요.

화조도
꽃과 함께 새 한 쌍을 그려 화목한 부부가 되기를 바라는 마음을 나타냈어요.

모란도
꽃 중의 왕인 모란처럼 부귀영화를 누리기를 바라는 마음이 담겨 있어요.

지그재그 사다리 타기

소망이 담긴 민화를 찾아 사다리를 타고 가서 나온 민화의 이름에서 빠진 글자를 쓰세요.

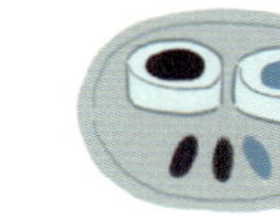

작 [ ] 도   화 [ ] 도   [ ] 란도

괄호에 들어갈 알맞은 말을 보기 에서 찾아 쓰면서 '서민 문화의 발달'과 '조선 후기 여성의 삶'에 대해 정리해 보세요.

③ ( )은 허균이 쓴 최초의 한글 소설이다.

『홍길동전』, 『춘향전』, 『흥부전』, 『심청전』, 『장화홍련전』 등이 인기가 있었다.

① 단원 ( )는 서민들의 모습을 관찰하고, 빠른 붓놀림으로 정감 있게 표현했다.

② 서민들의 생활 모습을 생동감 있게 표현한 ( )가 크게 유행했다.

한글 소설

풍속화

혜원 신윤복은 주로 양반들과 여인들의 일상을 가늘고 부드러운 선과 아름다운 색으로 표현했다.

서민 문화의 발달

소리꾼이 북을 치는 고수의 장단에 맞춰 노래를 부르며, 중간중간 말과 몸짓을 곁들여 이야기를 전하는 공연이다.

탈을 쓴 광대가 춤을 추면서 서민들의 생각을 솔직하게 표현한 공연이다.

탈놀이

판소리

④ ( )을 비꼬는 내용이 많았다.

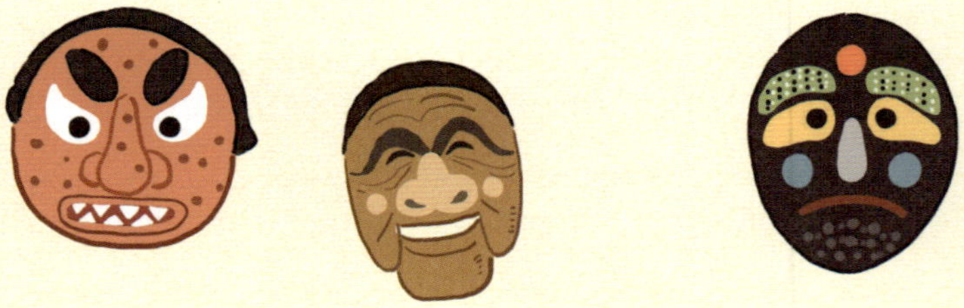

「심청가」, 「흥부가」, 「춘향가」, 「수궁가」, 「적벽가」의 다섯 마당만 전해지고 있다.

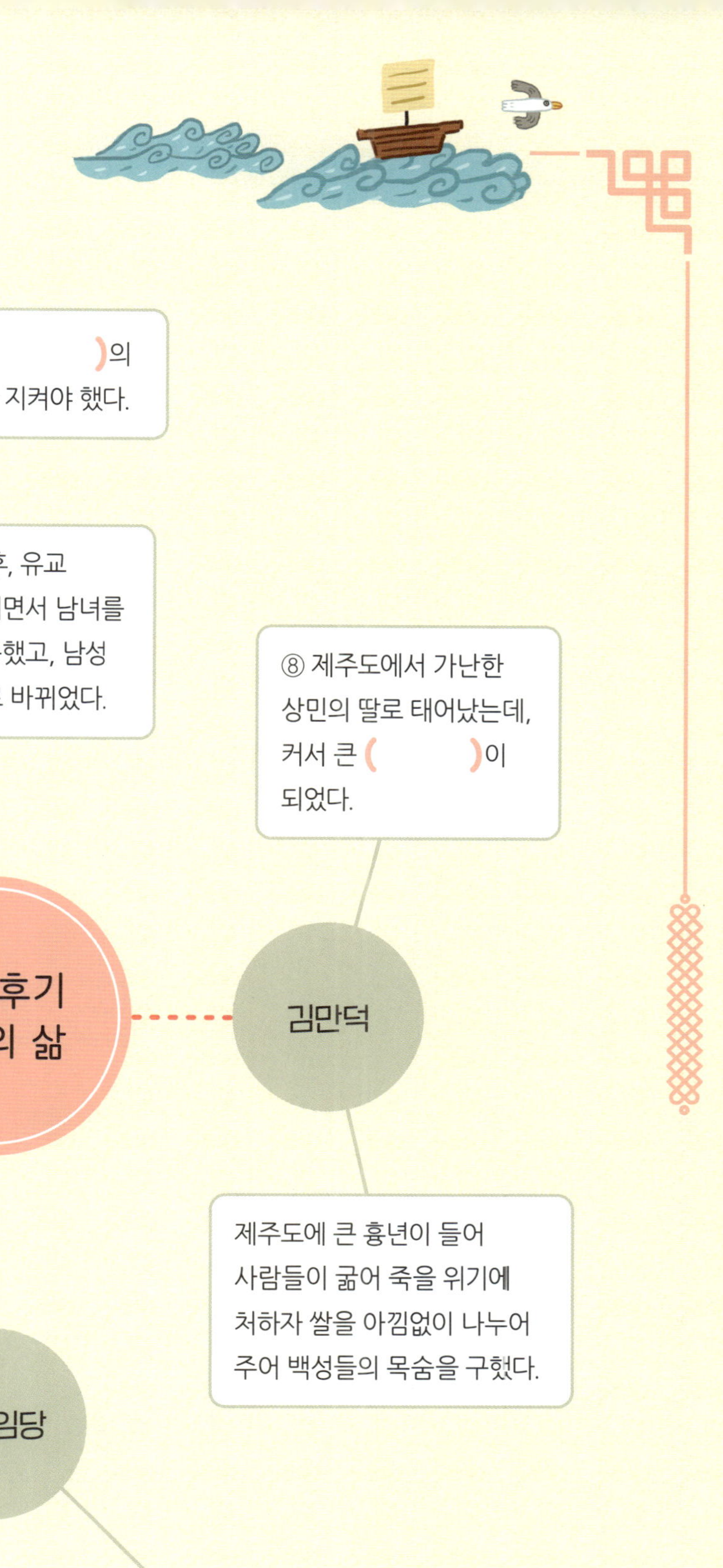

보기 이이 김홍도 양반 풍속화 삼종지도 『홍길동전』 시인 상인

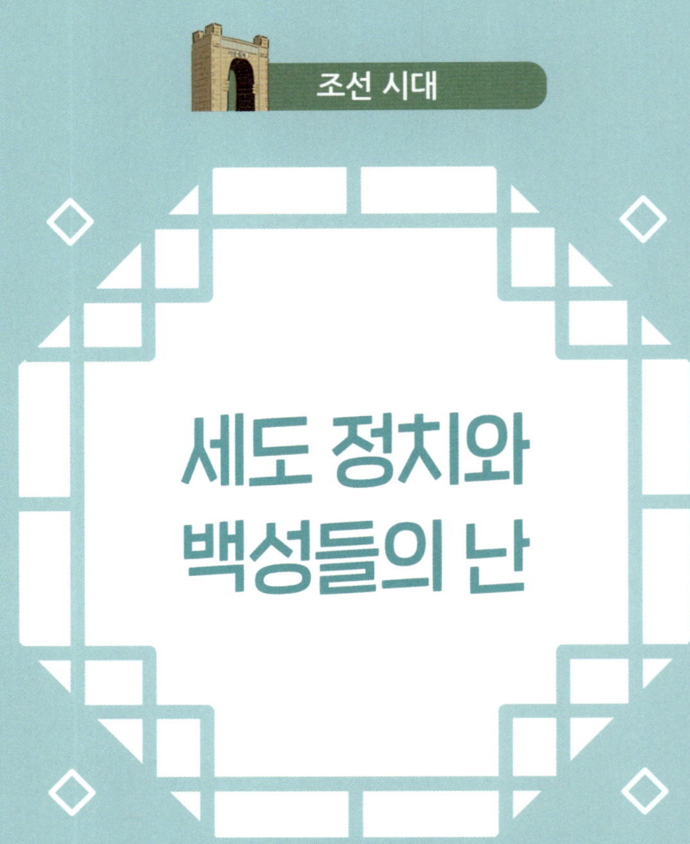

세도 정치와 백성들의 난

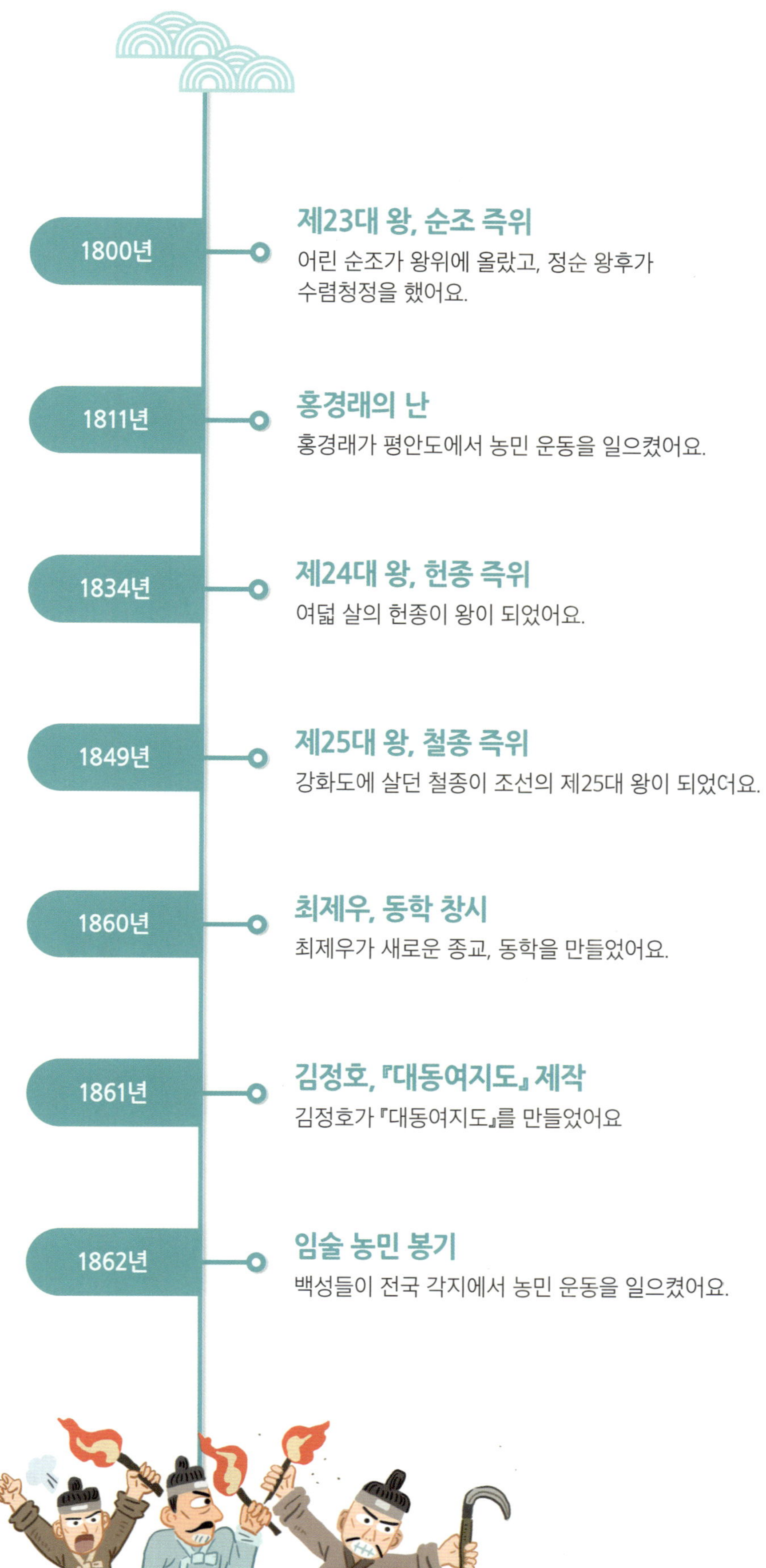

1800년	**제23대 왕, 순조 즉위** 어린 순조가 왕위에 올랐고, 정순 왕후가 수렴청정을 했어요.
1811년	**홍경래의 난** 홍경래가 평안도에서 농민 운동을 일으켰어요.
1834년	**제24대 왕, 헌종 즉위** 여덟 살의 헌종이 왕이 되었어요.
1849년	**제25대 왕, 철종 즉위** 강화도에 살던 철종이 조선의 제25대 왕이 되었어요.
1860년	**최제우, 동학 창시** 최제우가 새로운 종교, 동학을 만들었어요.
1861년	**김정호, 『대동여지도』 제작** 김정호가 『대동여지도』를 만들었어요
1862년	**임술 농민 봉기** 백성들이 전국 각지에서 농민 운동을 일으켰어요.

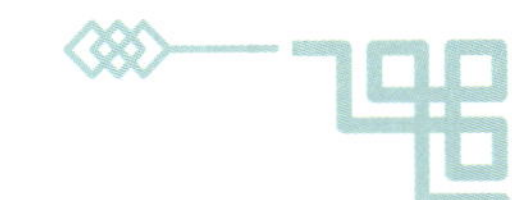

세도 정치는 무엇일까?

정조가 세상을 떠나자 어린 순조가 왕위에 올랐어요. 그러자 왕실의 어른인 정순 왕후가 수렴청정을 했어요.

몇 년 뒤 정순 왕후가 죽자, 이번에는 순조의 장인인 김조순이 왕을 도와 나라를 다스리겠다며 권력을 잡았어요. 김조순은 높은 벼슬자리에 모두 자신의 집안 사람인 안동 김씨들을 앉혀 놓고는 나랏일을 쥐락펴락했어요.

순조의 뒤를 이어 여덟 살의 헌종이 왕이 되었어요. 이번에는 헌종의 외가인 풍양 조씨 집안이 권력을 쥐었어요.

헌종이 아들 없이 죽자, 이번엔 안동 김씨 집안이 강화도에서 농사를 짓던 왕족인 강화 도령을 재빠르게 찾아내 왕으로 앉혔어요. 이 왕이 바로 조선의 제25대 왕 철종이에요. 강화도에서 살았던 철종은 글도 배운 적이 없고 정치에도 어두웠어요. 이런 철종을 왕위에 앉힌 안동 김씨는 마음대로 나랏일을 휘둘렀어요.

이렇게 왕실의 외척 가문을 중심으로 한 몇몇 가문이 권력을 잡고 나랏일을 제멋대로 하는 것을 '세도 정치'라고 해요. 세도 정치는 순조부터 헌종, 철종까지 60여 년 동안 이어졌어요.

세도 정치가 계속되는 동안 나라의 질서는 무너지고 백성들의 삶은 어려워졌어요. 왕은 힘이 없었고 신하들은 세도가의 눈치를 살펴야 했기 때문이지요. 양반들은 세도가에게 잘 보여 출세하려고 했어요. 세도가에게 돈을 주고 관직을 받기도 하고 과거 시험에 합격하기도 했어요. 이렇게 관리가 된 사람은 백성들에게 많은 세금을 거두는 일에만 몰두했어요.

수렴청정 왕이 나이가 어릴 때, 왕대비나 대왕대비가 왕을 도와 나랏일을 돌보던 것.
외척 어머니의 친척.
세도가 권력을 휘두르는 사람 또는 그 집안.

1 글을 읽으면서 괄호에 들어갈 알맞은 말을 쓰세요.

왕실의 (   ) 가문을 중심으로 한 몇몇 가문이 권력을 잡고 나랏일을 제멋대로 하는 것을

(   )라고 해요.

2 글을 읽고, 빈칸에 들어갈 알맞은 말을 쓰세요.

> 왕이 나이가 어릴 때, 왕대비나 대왕대비가
> 왕을 도와 나랏일을 돌보는 것

3 60여 년의 세도 정치 기간에 권력을 잡은 집안을  에서 찾아 쓰세요.

보기	순조 때		헌종 때		철종 때
풍양 조씨 안동 김씨		→		→	

4 안동 김씨들은 왜 강화 도령을 왕으로 앉혔는지 써 보세요. 

- -

5 세도 정치의 문제점으로 옳지 <u>않은</u> 것을 고르세요. (   )

① 신하들이 세도가의 눈치를 살폈어요.

② 양반들이 세도가한테 돈을 주고 관직을 받기도 했어요.

③ 돈을 주고 관리가 된 사람은 백성들에게 많은 세금을 거두었어요.

④ 왕의 힘이 강해 원하는 정치를 해 나갈 수 있었어요.

역사 포인트
왕실의 외척 가문을 중심으로 몇몇 가문이 권력을 잡고 나랏일을 제멋대로 하는 세도 정치가 계속되어 나라의 질서가 무너졌어요.

 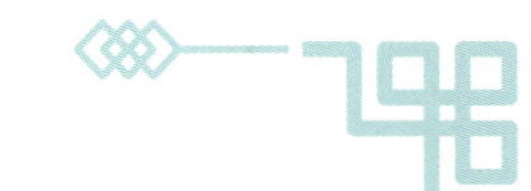

삼정의 문란으로 고통받는 백성들

세도 정치가 계속되자, 돈을 주고 관직을 산 관리들은 백성들을 쥐어짜 자신들의 배를 불리는 일에만 몰두했어요. 특히 관리들은 전세와 군포, 환곡으로 백성들을 괴롭혔어요. 이 세 가지를 일컬어 '삼정'이라고 해요.

전세는 농사를 짓는 땅에 대한 세금인데, 땅이 있는 사람들만 내면 되었어요. 그런데 못된 관리들은 다른 사람의 땅을 빌려 농사짓는 농민들에게도 전세를 내게 하거나 농사짓지 못하는 땅에도 전세를 매겼어요.

군포는 16세부터 60세까지의 남성이 군대에 가지 않는 대신 1년에 한 번, 삼베나 무명을 한 필 내는 세금이에요. 하지만 갓 태어난 아기나 죽은 사람에게도 군포를 매겨 거두어들였어요. 이웃이나 친척이 도망가면 그 몫까지 내게 했어요. 이렇다 보니 어떤 백성들은 군포를 1년에 두세 필 내야 했어요.

이 중에서 백성들을 가장 괴롭힌 것은 바로 환곡이었어요. 환곡은 원래 백성을 생각해 만든 제도였어요. 나라에서 양식이 떨어지는 봄에 곡식을 빌려주었다가 가을에 추수한 뒤 이자를 붙여 갚도록 했거든요. 그런데 백성들에게 억지로 봄에 곡식을 빌려주고, 가을에 비싼 이자를 붙여 거두어 갔어요. 어떤 때는 장부에 빌리지 않은 것을 빌린 것으로 기록해 강제로 빼앗아 가기도 했어요.

이렇게 관리가 삼정을 마음대로 거두어 가난한 백성들의 고통은 이루 말할 수 없었어요.

무명 목화솜을 자아 만든 실로 짠 천.
필 일정한 길이로 말아 놓은 옷감을 세는 단위.
장부 물건이 들고 나는 것을 적어 두는 책.

1 조선의 백성들을 괴롭힌 전세, 군포, 환곡 이 세 가지를 무엇이라 하는지 쓰세요.

2 글을 읽고, 어떤 세금인지 쓰세요.

- 땅이 있는 사람이 농사를 짓는 땅에 내는 세금
- 군대에 가지 않는 대신 1년에 한 번 삼베나 무명을 한 필 내는 세금

3 백성들이 군포 때문에 힘들었던 이유를 두 가지 써 보세요. 수행평가 대비

4 주어진 말을 이용해 환곡이 원래 어떤 제도인지 설명하는 글을 써 보세요. 수행평가 대비

양식 봄
가을 이자

5 삼정으로 고통받는 백성들의 모습으로 옳지 않은 것을 고르세요. ( )

① 다른 사람의 땅을 빌려 농사짓는 농민도 전세를 내야 했어요.
② 갓 태어난 아기나 죽은 사람의 군포도 내야 했어요.
③ 이웃이나 친척이 도망가면 그 몫의 군포는 내지 않았어요.
④ 나라에서 봄에 억지로 곡식을 빌려주고, 가을에 비싼 이자를 붙여 거두어 갔어요.

역사 포인트
세도 정치가 계속되는 동안 백성들은 전세와 군포, 환곡에 시달렸어요.

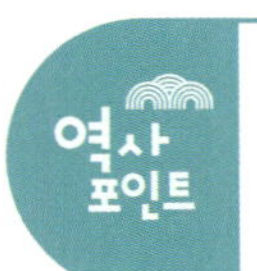

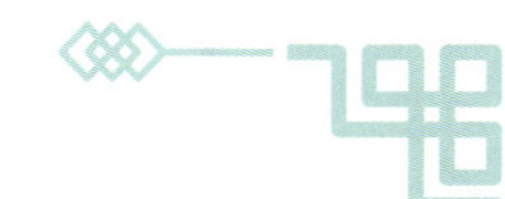

들불처럼 전국으로 퍼진 농민들의 봉기

세도 정치로 백성들의 삶은 점점 고통스러워졌어요. 엎친 데 덮친 격으로 자연재해와 질병까지 자주 발생하자 농민들은 살기 위해 곳곳에서 봉기를 일으켰어요.

가장 먼저 평안도에 사는 몰락한 양반 홍경래가 난을 일으켰어요. 홍경래는 나라에서 평안도를 오랫동안 차별해, 세금을 많이 거두는 것과 평안도 양반에게 관직을 주지 않는 것에 불만이 컸어요. 홍경래는 세도 정치로 힘들어하는 농민, 상인, 중인 등을 모아 10년 동안 준비한 뒤 1811년 난을 일으켰어요.

"평안도를 대놓고 차별하는 이유가 무엇이냐! 세도 정치로 못된 관리들이 백성들을 괴롭히니 더 이상 참을 수가 없다!"

홍경래가 이끄는 농민군은 몇 달 동안이나 청천강 북쪽 지역을 차지하며 큰 위세를 떨쳤어요. 하지만 결국 관군에게 진압되고 말았어요. 비록 홍경래의 난은 실패로 돌아갔지만, 그 뒤 일어난 농민들의 봉기에 큰 영향을 주었어요.

홍경래의 난 이후에도 여전히 세금 문제는 해결되지 않았고, 관리들의 횡포는 계속되었어요. 결국 1862년에 진주에서 농민들이 봉기했어요. 불법으로 거둔 쌀이 1년간 1만 5천 섬이나 되었다니 백성들의 고통은 이루 말할 수가 없었을 거예요.

농민들은 관아로 몰려가 부정부패를 일삼던 관리를 처벌하고, 관아의 곡식을 백성들에게 나누어 주었어요. 이렇게 시작된 농민 봉기는 점차 확대되어 전국 각지에서 일어났어요. 이를 가리켜 '임술 농민 봉기'라고 해요.

일이 커지자 나라에서는 성난 백성들을 달래기 위해 못된 관리를 벌주고, 세금 제도도 바로잡겠다고 약속했어요. 그러나 약속은 지켜지지 않았어요.

관군 조선 시대 나라에 소속되어 있던 군사.
각지 각 지방 또는 여러 곳.
임술 1862년 임술년을 가리키는 말.

1 글을 읽고, 무슨 사건인지 쓰세요.

- 홍경래가 평안도에서 농민, 상인, 중인 등을 모아 봉기했어요.
- 진주에서 시작된 농민 봉기가 전국 각지에서 일어났어요.

2 홍경래의 난이 일어난 이유로 옳지 <u>않은</u> 것을 고르세요. (   )

① 나라에서 오랫동안 평안도를 차별해 세금을 많이 거두었어요.
② 평안도에 청나라와 무역해 돈을 번 부자가 많았어요.
③ 평안도 양반에게 관직을 주지 않았어요.
④ 세도 정치로 못된 관리들이 백성들을 괴롭혔어요.

3 홍경래의 난의 결과와 영향을 써 보세요. 수행평가 대비

4 임술 농민 봉기의 원인을 모두 고르세요. (,   )

① 여성 차별   ② 관리들의 횡포   ③ 지나친 세금 부담   ④ 군대에 대한 불만

5 농민 봉기가 전국으로 확대되자 나라에서 약속했던 것은 무엇인지 써 보세요. 수행평가 대비

역사 포인트
1811년, 세도 정치로 힘들어하던 홍경래가 평안도에서 난을 일으켰어요.
그 뒤 1862년, 진주를 시작으로 전국 각지에서 임술 농민 봉기가 일어났어요.

모든 사람이 평등한 동학을 창시한 최제우

세도 정치로 고통받는 백성들 마음속에 새로운 세상에 대한 갈망이 꿈틀거리기 시작했어요. 백성들 사이에 이씨 조선이 가고 정씨가 세운 새로운 세상이 올 거라는 『정감록』의 예언이 빠르게 퍼져 나갔어요. 현실이 고통스러운 백성들은 이런 예언을 통해 작은 위안이라도 얻고자 했던 것이에요.

몰락한 양반이었던 최제우는 고통받는 백성들에게 도움을 주고자 오랜 수양 끝에 동학을 창시했어요. 동학은 민간 신앙과 불교, 유교, 도교를 합한 새로운 종교였어요. 최제우는 천주교인 서학은 조상을 받들고 제사 지내는 것을 거부해 나라를 위태롭게 한다고 생각했어요. 그래서 서학에 맞선다는 의미로 '동학'이라고 이름 지었어요.

"여러분, 사람이 곧 하늘입니다. 사람의 마음속에는 한울님이 들어 있습니다. 사람은 누구나 귀하고 평등합니다."

동학에서는 '사람이 곧 하늘이다.'라는 인내천 사상을 주장했어요. '지금의 세상이 끝나고 새로운 세상이 열릴 것이다.'라는 후천 개벽 사상도 주장했지요.

동학 사상은 세도 정치 아래에서 차별받고 고통받는 백성들의 마음을 단숨에 사로잡았어요. 동학을 믿는 사람들이 빠르게 늘어나자 나라에서는 신분 제도를 무너뜨리고, 백성들을 속이는 종교라며 동학을 금지하고, 최제우를 처형했어요.

그러나 이미 백성들의 마음을 얻은 동학은 사그라들지 않았어요. 2대 교주인 최시형은 숨어 다니면서 동학의 가르침을 널리 전했어요. 경상도에서 시작된 동학은 전라도와 충청도 지역까지 퍼져 나갔고, 이후 1894년에 일어난 동학 농민 운동으로 이어졌어요.

동학을 창시한 최제우

『정감록』 조선 중기 이후 전해 오는 나라의 운명과 백성의 앞날에 관한 예언서.
창시 어떤 사상이나 종교를 처음 시작하거나 내세움.
최시형 동학의 제2대 교주. 동학을 널리 전파하는 데 힘을 쏟음.

1 글을 읽으면서 빈칸에 들어갈 사람은 누구인지 이름을 쓰세요.

- [   ] 는 새로운 종교인 동학을 창시했어요.

- [   ] 은 동학의 가르침을 널리 전했어요.

2 글을 읽으면서 알맞은 말에 ◯ 하세요.

- 천주교인 (**동학** / **서학**)은 조상을 받들고, 제사 지내는 것을 거부했어요.
- (**동학** / **서학**)은 나라를 위태롭게 하는 서학에 맞선다는 의미예요.

3 동학의 인내천 사상과 후천 개벽 사상의 뜻을 써 보세요. ···_{수행평가 대비}

인내천 사상:

후천 개벽 사상:

4 동학에 대한 설명으로 맞으면 ◯, 틀리면 ✕ 하세요.

① 세도 정치로 차별받고 고통받는 백성들이 동학을 많이 믿었어요. --------------- (   )
② 최제우가 죽자 동학은 금세 사라졌어요. ------------------------------ (   )
③ 나라에서는 동학을 백성들의 종교로 인정하고, 널리 믿게 했어요. ---------- (   )
④ 전라도와 충청도 지역까지 퍼져 나갔고, 동학 농민 운동으로 이어졌어요. -------- (   )

5 나라에서 동학을 금지한 이유는 무엇인지 두 가지 써 보세요. ···_{수행평가 대비}

역사 포인트 1860년, 최제우가 새로운 종교로 창시한 동학은 백성들에게 널리 퍼졌고, 1894년에 동학 농민 운동으로 이어졌어요.

정확하고 자세한 우리나라 지도 『대동여지도』

『대동여지도』는 실학자 김정호가 철종 때인 1861년에 만든 우리나라 전국 지도예요.
『대동여지도』에는 산과 강, 길 등이 세밀하게 표시되어 있어요. 또 최초로 행정
구역과 관아, 봉수 등을 기호로 표시해 놓았어요. 10리마다 점을 찍어 놓았는데,
이 점을 세어 보면 거리를 쉽게 알 수 있어요. 목판으로도 만들어져 있어 똑같은
지도를 여러 장 만들 수도 있어요.
『대동여지도』는 조선 시대 지도 가운데 가장 정확하고 체계적인 지도예요.

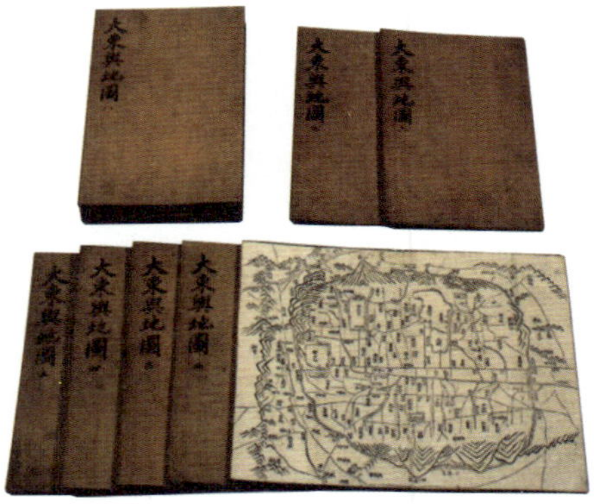

『대동여지도』 지도책

『대동여지도』
22권의 책을 펼쳐 이어 놓으면 가로 약 4미터,
세로 약 7미터의 우리나라 지도가 되어요.

『대동여지도』 목판

길을 찾아라!

『대동여지도』에 대한 설명으로 옳은 글이 쓰여진 쪽으로만 길을 찾아가세요.

괄호에 들어갈 알맞은 말을 보기 에서 찾아 쓰면서 '세도 정치와 사회 혼란'에 대해 정리해 보세요.

세도 정치와 사회 혼란

세도 정치
- ① ( )부터 헌종, 철종까지 60여 년 동안 이어졌다.
- 왕실의 외척 가문을 중심으로 몇몇 가문이 권력을 잡고 나랏일을 제멋대로 하는 것이다.

삼정 문란

전세
- 다른 사람의 땅을 빌려 농사짓는 농민이나 농사짓지 못하는 땅에도 전세를 내게 했다.
- ② 농사를 짓는 땅에 대한 세금으로, ( )이 있는 사람들만 내는 세금이다.

군포
- ③ 16세부터 60세까지의 남성이 ( )에 가지 않는 대신 1년에 한 번, 삼베나 무명을 한 필 내는 세금이다.
- 갓 태어난 아기나 죽은 사람에게도 군포를 매겨 거두어들였다.

환곡
- 나라에서 양식이 떨어지는 봄에 곡식을 빌려주었다가 가을에 이자를 붙여 갚도록 하는 제도이다.
- 백성들에게 억지로 봄에 곡식을 빌려주고, 가을에 비싼 이자를 붙여 거두어 갔다.

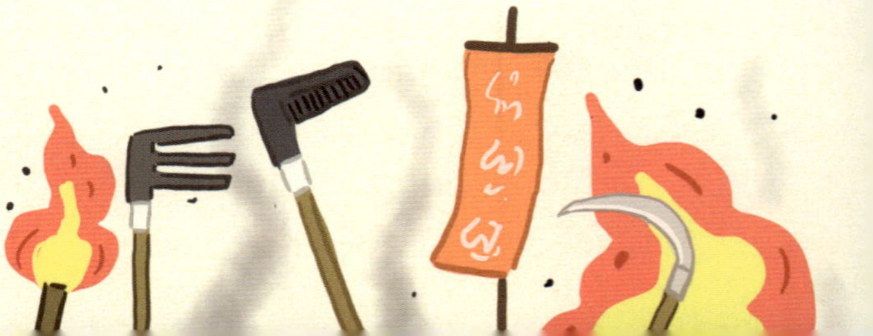

④ 홍경래는 나라에서 (　　　　　)를 오랫동안 차별해, 세금을 많이 거두는 것과 평안도 양반에게 관직을 주지 않는 것에 불만이 많았다.

홍경래가 평안도에서 농민, 상민, 중인 등을 모아 봉기했지만, 결국 관군에게 진압되었다.

홍경래의 난

그 뒤 일어난 농민들의 봉기에 큰 영향을 주었다.

농민 봉기

임술 농민 봉기

⑤ 세금 문제가 해결되지 않고 관리들의 횡포가 계속되자, 1862년 임술년에 (　　　　)에서 농민들이 봉기했다.

농민 봉기는 점차 확대되어 전국 각지에서 일어났다.

동학 창시

⑥ (　　　　)는 민간 신앙과 불교, 유교, 도교를 합해서 새로운 종교인 동학을 창시했다.

⑦ 동학에서는 '사람이 곧 하늘이다.'라는 (　　　　) 사상과 '지금의 세상이 끝나고 새로운 세상이 열릴 것이다.'라는 후천 개벽 사상을 주장했다.

⑧ 나라에서는 동학을 금지했으나 (　　　　)에 의해 널리 퍼져 나갔고, 이후 동학 농민 운동으로 이어졌다.

보기 인내천　군대　최시형　최제우　순조　땅　평안도　진주

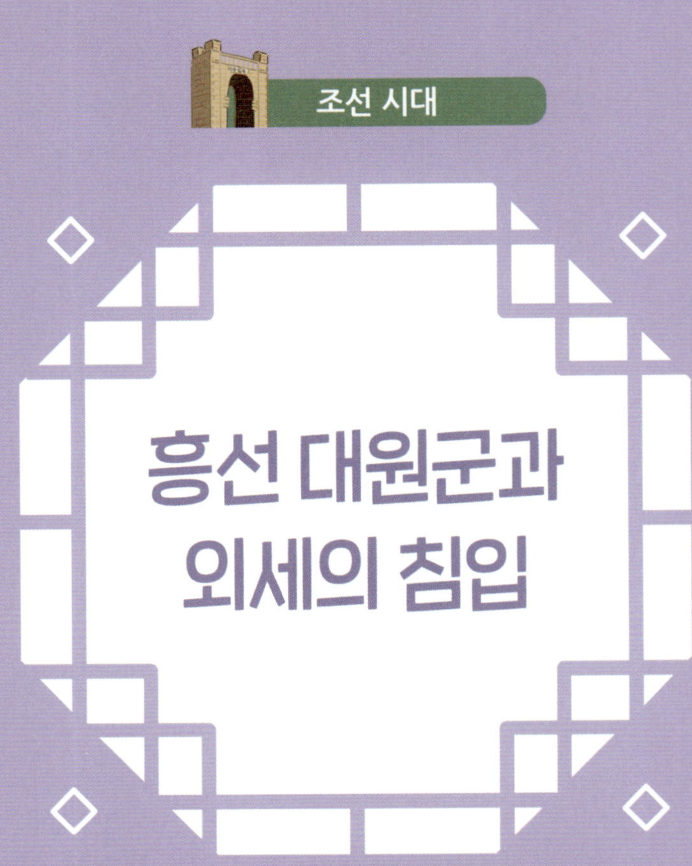

흥선 대원군과 외세의 침입

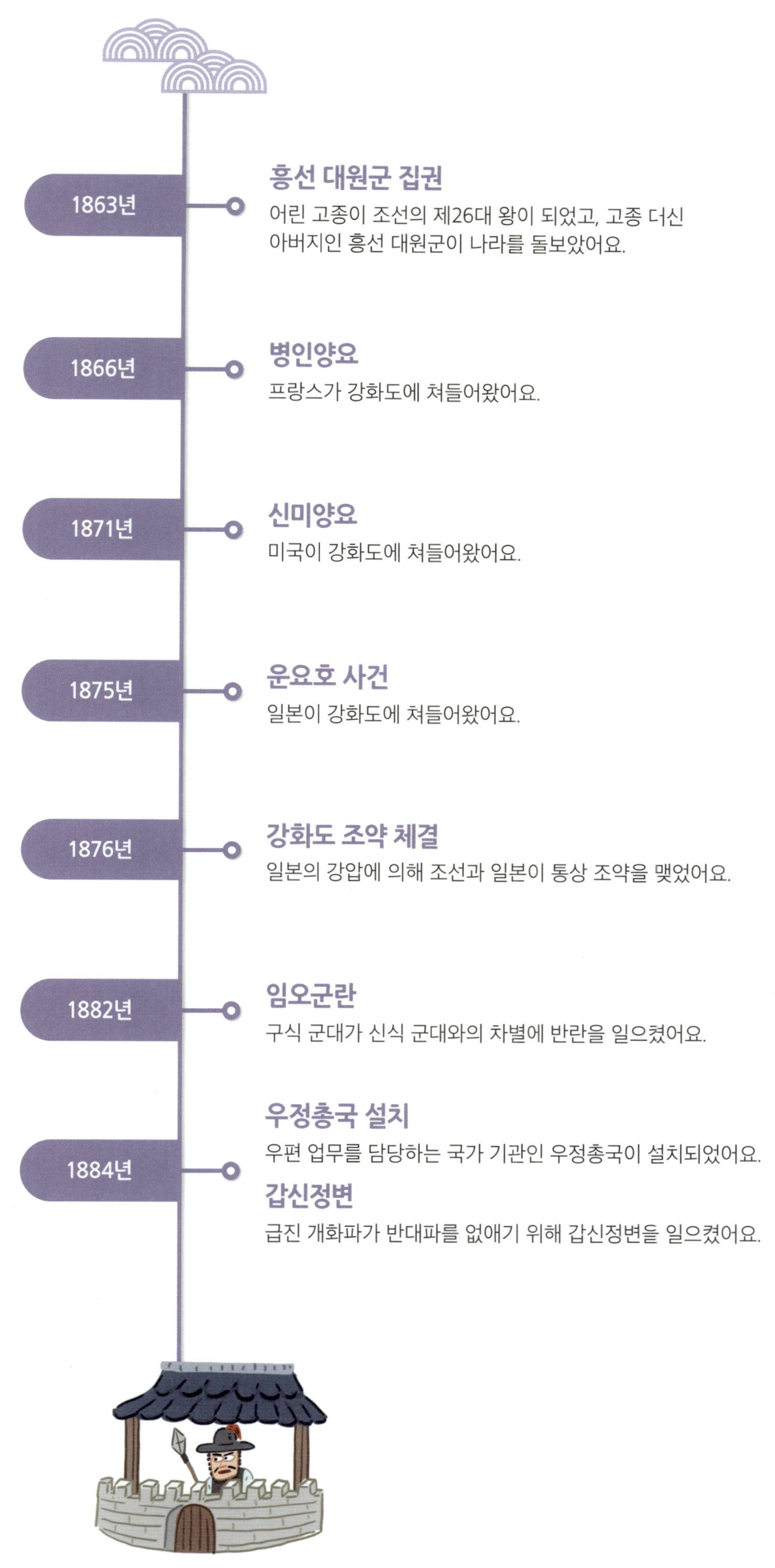
1863년
흥선 대원군 집권
어린 고종이 조선의 제26대 왕이 되었고, 고종 더신 아버지인 흥선 대원군이 나라를 돌보았어요.

1866년
병인양요
프랑스가 강화도에 쳐들어왔어요.

1871년
신미양요
미국이 강화도에 쳐들어왔어요.

1875년
운요호 사건
일본이 강화도에 쳐들어왔어요.

1876년
강화도 조약 체결
일본의 강압에 의해 조선과 일본이 통상 조약을 맺었어요.

1882년
임오군란
구식 군대가 신식 군대와의 차별에 반란을 일으켰어요.

우정총국 설치
우편 업무를 담당하는 국가 기관인 우정총국이 설치되었어요.
1884년
갑신정변
급진 개화파가 반대파를 없애기 위해 갑신정변을 일으켰어요.

20 개혁을 위해 흥선 대원군은 어떤 일을 했을까?

철종의 뒤를 이어 왕이 된 고종은 열두 살의 어린 나이였어요. 그래서 어린 고종을 대신해 아버지 흥선 대원군이 나랏일을 돌보았어요.

흥선 대원군은 가장 먼저 세도 정치로 무너진 나라의 질서를 바로잡았어요. 관직을 차지하고 있는 안동 김씨를 모두 몰아내고, 신분과 세력에 상관없이 오로지 실력만으로 인재를 새롭게 뽑았어요.

서원도 대대적으로 정리했어요. 서원은 선비들이 유학을 공부하고 제사를 지내는 곳이었지만, 당시에는 나라에 세금을 내지 않고 제사를 핑계로 백성들을 부려 먹거나 재물을 빼앗는 등 문제가 많았어요. 양반들은 서원 철폐에 거세게 반대했어요. 하지만 흥선 대원군은 거침없었어요. 전국에 있는 수백 개의 서원을 47개만 남기고 헐어 버렸지요.

또 집집마다 군포를 내도록 하는 호포제를 실시해 그동안 군포를 내지 않았던 양반들에게도 군포를 거두었어요. 환곡의 문제점을 해결하기 위해 마을 사람들이 스스로 곡식을 저장하고 관리하며 어려운 백성에게 곡식을 빌려주는 사창제도 실시했어요.

흥선 대원군의 이런 개혁 정책은 백성들의 지지를 받았어요.

"이제 경복궁을 다시 지어 무너진 왕실의 권위를 세울 것이다!"

흥선 대원군은 임진왜란 때 불탄 경복궁도 다시 지었어요. 필요한 돈을 마련하기 위해 기부금을 걷고, 화폐 당백전을 새롭게 찍어 냈어요. 그러나 당백전 때문에 물가가 크게 오르고, 수많은 백성이 공사에 불려 나와 일하게 되면서 백성들의 원망을 사고 말았어요.

흥선 대원군

역사용어

대원군 왕의 아들이 없어 친척이 왕의 자리를 이어받을 때, 그 왕의 아버지를 가리키는 말.

철폐 전에 있었던 제도나 규칙을 없앰.

당백전 1866년 11월에 발행해 6개월 동안 사용된 화폐. 상평통보보다 100배 비싸다는 뜻임.

1 어린 고종을 대신해 나랏일을 돌본 사람은 누구인지 쓰세요.

2 흥선 대원군의 정책 중에 백성의 지지를 받지 못한 것을 고르세요. (　　　　)

① 안동 김씨를 모두 몰아내고 새로운 인재들을 뽑았어요.

② 서원을 대대적으로 정리했어요.

③ 화폐 당백전을 새롭게 찍어 냈어요.

④ 호포제를 실시해 양반들에게도 군포를 거두었어요.

3 글을 읽고, 어떤 제도인지 쓰세요.

● 집집마다 군포를 내어라

● 마을 사람들이 곡식을 저장하고 관리하며 어려운 백성에게 빌려주어라

4 흥선 대원군이 경복궁을 다시 지으려고 한 이유에 맞게 빈칸에 들어갈 말을 쓰세요.

경복궁을 다시 지어 무너진 　　　　의 　　　　를 세우려고 했어요.

5 흥선 대원군이 백성들의 원망을 사게 된 이유를 써 보세요. ⋯수행평가대비

- -

- -

역사 포인트　흥선 대원군은 여러 가지 개혁 정책을 실시해 백성들의 지지를 받았어요. 그러나 경복궁을 다시 지으면서 백성들의 원망을 샀어요.

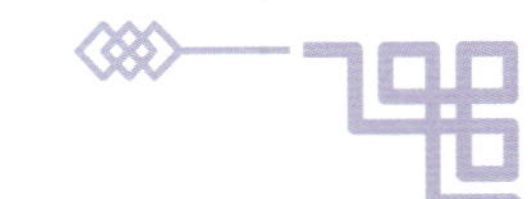

21

조선에 쳐들어온 프랑스와 미국

1800년대 이후 조선에는 이양선이라고 부르는 서양의 배들이 자주 나타났어요. 이양선을 타고 온 서양인들은 조선에게 항구를 열고 무역을 하자고 요구했어요. 그러나 조선은 서양과의 무역을 거부하고, 서양의 종교인 천주교도 믿지 못하게 했어요.

1866년, 조선 정부는 조선에 들어와 있던 프랑스 신부와 천주교 신자들을 처형했어요. 그러자 프랑스는 이 일을 문제 삼아 군함을 보내 강화도에 쳐들어왔어요. 이 사건을 '병인양요'라고 해요.

프랑스는 프랑스 신부를 처형한 일을 사과할 것과 무역할 것을 요구했어요. 조선은 이를 거부하고 정족산성에서 프랑스군과 맞서 싸웠어요. 결국 프랑스군이 지고 물러났어요. 이때 프랑스군은 강화도 외규장각에 보관 중이던 책과 문화재를 마구 훔쳐 갔어요.

같은 해, 미국 제너럴셔먼호가 평양에 와 무역을 요구하며 대포를 쏘았어요. 화가 난 평양 사람들은 제너럴셔먼호를 불태워 침몰시켰지요.

"조선은 제너럴셔먼호 사건에 대해 책임을 져라! 항구를 열고 무역하자!"

미국은 이 일을 구실로 1871년, 군함을 보내 강화도에 쳐들어왔어요. 조선군은 광성보에서 죽음을 무릅쓰고 싸웠어요. 조선군의 기세에 놀란 미군은 결국 물러났어요. 이 사건을 '신미양요'라고 해요.

병인양요와 신미양요를 겪은 뒤 흥선 대원군은 조선의 문을 더 굳게 닫기로 결심했어요. 흥선 대원군은 전국에 척화비를 세우고 서양과 결코 교류하지 않겠다는 뜻을 강력히 밝혔어요.

서양 오랑캐와 싸우지 않는 것은 나라를 파는 일이라는 글이 새겨진 척화비

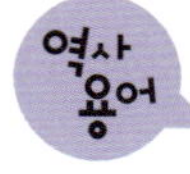

이양선 특이한 모양을 한 서양의 배라는 뜻.
정족산성 양헌수가 이끄는 조선군이 프랑스군에 승리를 거둔 곳으로, 삼랑성이라고도 함.
외규장각 정조 때 왕실 관련 서적을 보관할 목적으로 강화도에 설치한 왕실 도서관.

1 글을 읽고, 무슨 사건인지 쓰세요.

① 1866년, 프랑스 군함이 강화도에 쳐들어온 사건　　② 1871년, 미국 군함이 강화도에 쳐들어온 사건

2 글을 읽으면서 각각 어디인지 괄호에 들어갈 말을 쓰세요.

- 병인양요 때 프랑스군은 강화도의 (　　　　　　)에서 조선군에 졌어요.
- 신미양요 때 조선군은 강화도의 (　　　　　　)에서 미군에 맞서 싸웠어요.

3 병인양요와 신미양요에 대한 설명으로 옳지 <u>않은</u> 것을 고르세요. (　　　　)

① 프랑스는 프랑스 신부를 처형한 일을 문제 삼아 조선에 쳐들어왔어요.
② 미군이 제너럴셔먼호를 타고 강화도에 와 대포를 쏘아 댔어요.
③ 프랑스군은 외규장각에 보관 중이던 책과 문화재를 훔쳐 갔어요.
④ 죽음을 무릅쓰고 싸우는 조선군의 기세에 미군은 물러났어요.

4 1871년, 미국 군함이 강화도에 쳐들어온 이유는 무엇인지 쓰세요. ···수행평가 대비

5 병인양요와 신미양요를 겪은 뒤, 흥선 대원군이 척화비를 세운 이유를 써 보세요. ···수행평가 대비

역사 포인트

1866년에는 프랑스가 무역을 요구하며 강화도에 쳐들어와 병인양요가 일어났고, 1871년에는 미국이 무역을 요구하며 강화도에 쳐들어와 신미양요가 일어났어요.

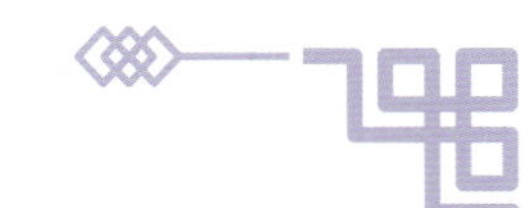

22

강화도 조약을 맺고 나라의 문을 열다

1873년, 흥선 대원군이 물러나고 어른이 된 고종이 직접 나라를 다스렸어요. 기회만 엿보던 몇몇 신하들은 조선도 중국과 일본처럼 서양과 무역해야 한다는 주장을 펼쳤어요. 이 무렵 중국과 일본은 이미 항구를 열고 서양과 무역을 통해 발달된 문물을 받아들이고 있었어요.

조선과 무역할 기회를 호시탐탐 엿보던 일본은 1875년, 군함 운요호를 강화도에 보냈어요. 강화도 초지진을 지키던 조선군은 대포를 쏘며 운요호의 접근을 막았어요. 운요호는 기다렸다는 듯 대포를 무섭게 쏘아 댔어요. 미국이 일본에게 항구를 열라고 요구했던 방법을 똑같이 흉내 낸 것이었어요. 이 사건을 '운요호 사건'이라고 해요.

운요호 사건이 있은 지 5개월 뒤, 일본은 군함을 몰고 와 대포를 쏘며 위협했어요.

"운요호를 공격한 일을 사과하라! 조선은 우리 일본과 통상 조약을 맺어야 한다. 그렇지 않으면 한양을 공격하겠다!"

변화를 원했던 고종은 신하들의 반대에도 불구하고 일단 일본과 조약을 맺기로 결정했어요. 그리고 1876년, '강화도 조약'을 맺었어요. 이 조약에 따라 조선은 부산 이외에 원산과 제물포의 두 항구를 더 열고, 외국인이 자유롭게 오가며 장사를 하도록 허락했어요. 바로 개항을 한 것이에요.

강화도 조약은 우리나라가 외국과 맺은 최초의 근대적 조약이었어요. 하지만 일본의 의도를 제대로 파악하지 못한 조선에 불리한 내용이 많은 불평등 조약이었어요.

강화도 조약의 주요 내용

제7조 일본인이 조선의 해안을 자유롭게 측량하는 것을 허가한다.

제10조 조선의 항구에서 죄지은 일본인은 일본 관리가 심판한다.

초지진 바다로부터 침입하는 적을 막기 위해 강화도에 지은 요새.
통상 나라와 나라 사이에 서로 물건을 사고파는 것.
제물포 인천의 옛 이름.

1 글을 읽으면서 운요호 사건의 설명으로 알맞은 말에 ◯ 하세요.

1875년, 일본은 (**군함** / **상선**) 운요호를 (**제주도** / **강화도**)에 보냈어요.
조선군은 (**초지진** / **광성보**)에서 대포를 쏘며 운요호를 막았어요.

2 일본이 조선에 운요호를 보낸 이유를 고르세요. (   )

① 조선에 일본 군함을 선물하기 위해서   ② 조선에 사절단을 보내기 위해서
③ 조선에 강제로 항구를 열라고 요구하기 위해서   ④ 조선에 쳐들어온 외국 군대를 막기 위해서

3 운요호 사건 5개월 뒤, 일본이 군함을 몰고 와 요구한 것은 무엇인지 써 보세요.

- -

4 주어진 말을 이용해 강화도 조약에 따라 조선에서 허락한 일을 써 보세요. ···수행평가 대비

| 부산   원산 |
| 제물포   외국인 |

- -

- -

5 강화도 조약에 대한 의미에 맞게 빈칸에 들어갈 알맞은 말을 쓰세요.

- 우리나라가 외국과 맺은 최초의 [   ] 조약이었어요.

- 조선에 불리한 내용이 많은 [   ] 조약이었어요.

역사 포인트
1876년, 조선은 일본과 강화도 조약을 맺고 개항을 했어요.
강화도 조약은 우리나라가 외국과 맺은 최초의 근대적 조약이에요.

23

고종, 개화 정책을 펼치다!

강화도 조약을 맺은 뒤, 조선은 수신사라 부르는 사절단을 일본에 보냈어요. 조선보다 먼저 서양 문물을 받아들인 일본의 모습을 살펴보기 위해서였어요.

1876년, 처음 일본에 도착한 김기수를 비롯한 수신사 일행은 깜짝 놀랐어요. 빠르게 달리는 증기 기관차, 거리에 들어선 근대식 건물, 가로등으로 환한 밤거리 등 난생처음 보는 것들이 많았기 때문이에요. 김기수는 몰라보게 발전한 일본의 모습을 『일동기유』라는 책으로 엮어 전했어요.

1880년, 김홍집을 비롯한 수신사가 2차로 일본에 갔어요. 김홍집은 청나라 외교관이 쓴 『조선책략』이라는 책을 가지고 돌아왔어요. 이 책에는 조선이 서양 문물을 받아들여야 한다는 것과 청나라, 일본, 미국에 의지해야 한다는 내용이 담겨 있었어요. 『조선책략』을 본 조선의 선비들은 개화를 강하게 반대했어요.

"서양 오랑캐를 의지하다니요! 말도 안 됩니다. 어서, 서양 오랑캐를 물리치고 유교 문화와 질서를 지켜야 합니다. 이 책을 가져온 김홍집을 처형하십시오!"

이만손을 대표로 한 많은 선비는 고종에게 상소를 올렸어요. 서양의 문물과 사상을 물리치자는 이 움직임을 '위정척사 운동'이라고 해요.

하지만 고종은 하루빨리 서양의 문물을 받아들여 조선을 새롭게 바꾸고 싶었어요. 고종은 몇몇 신하들의 반대에도 '통리기무아문'이라는 기구를 설치해 개화 정책을 펴 나갔어요. 미국, 영국, 독일 등 서양 여러 나라와도 잇따라 조약을 맺고, 신식 군대인 별기군도 만들었어요.

개화 서양 문물을 받아들여 나라를 새롭게 바꾸는 것.
이만손 유학자로 김홍집에 반대해 영남 선비들과 함께 '영남 만인소'라는 상소를 고종에게 올림.
통리기무아문 개항 뒤 외교, 군사, 산업 등 근대화 정책을 추진하기 위해 설치한 기구.

1 조선이 일본에 수신사를 보낸 이유를 써 보세요. 수행평가 대비

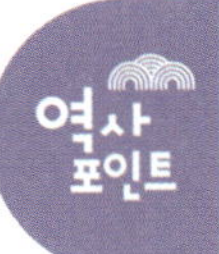

2 글을 읽으면서 괄호에 들어갈 알맞은 책을 보기 에서 찾아 번호를 쓰세요.

보기 ①『조선책략』 ②『서유견문』 ③『일동기유』

- 김기수는 발전한 일본의 모습을 (　　　　　)에 담았어요.
- 김홍집은 조선이 서양 문물을 받아들여야 한다는 (　　　　　)을 가지고 왔어요.

3 개화를 강하게 반대하는 조선 선비들의 움직임을 무엇이라 하는지 쓰세요.

				운동

4 고종이 실시한 개화 정책이 아닌 것을 고르세요. (　　　)

① 개화 정책을 펴 나갈 통리기무아문이라는 기구를 설치했어요.
② 미국, 영국, 독일 등 서양 여러 나라와 잇따라 조약을 맺었어요.
③ 신식 군대인 별기군을 만들었어요.
④ 위정척사 운동을 벌여 유교 문화를 지켜 나갔어요.

5 고종이 여러 가지 개화 정책을 펼친 이유는 무엇인지 써 보세요. 수행평가 대비

역사 포인트

조선은 서양 문물을 알아보기 위해 일본에 수신사를 보냈어요.
그 뒤 고종은 통리기무아문을 설치하고 개화 정책을 펴 나갔어요.

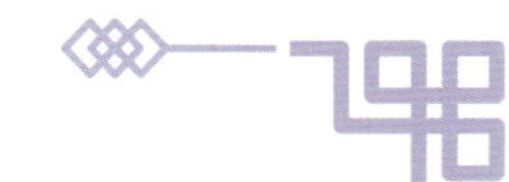

구식 군대, 차별 대우에 반란을 일으키다!

별기군은 개화 정책을 펴면서 새롭게 만든 우리나라 최초의 신식 군대예요. 별기군은 일본에서 들여온 신식 무기로 일본 군사 교관에게 훈련도 받고 특별 대우도 받았지요.

하지만 원래 조선의 군대였던 구식 군대는 1년이나 월급도 받지 못하고 차별을 받았어요. 구식 군인들의 불만은 점점 쌓여 갔어요. 1882년, 1년여 만에 겨우 월급으로 받은 쌀에 모래와 겨가 섞여 있자, 구식 군인들은 더 이상 참지 못하고 반란을 일으켰어요. 이 사건이 바로 '임오군란'이에요.

구식 군인들이 반란을 일으키자 개항 이후 생활이 어려워진 백성들도 함께했어요. 구식 군인들은 쌀을 나누어 준 책임자와 일본 교관을 죽였어요. 그리고 일본 공사관을 습격해 불을 질렀어요. 또 개화 정책에 앞장선다는 이유로 왕비 민씨를 잡아 책임을 묻기 위해 궁궐로 몰려갔어요. 하지만 왕비 민씨는 이미 도망가고 없었어요.

두려움을 느낀 고종은 군인들의 요구대로 흥선 대원군을 다시 불러들였어요. 흥선 대원군은 개화 정책에 불만이 많은 구식 군인들을 다독이고 별기군을 없애 버렸어요.

몸을 피해 도망친 왕비 민씨는 청나라에 도움을 요청했어요. 조선에 온 청나라군은 반란을 일으켰던 군인들을 처형하고, 흥선 대원군을 청나라로 끌고 갔어요. 임오군란 이후 청나라는 조선의 외교와 정치에 깊이 간섭하기 시작했어요.

신식 군대
별기군

겨 벼, 보리 등의 곡식을 찧어 벗겨 낸 껍질을 통틀어 이르는 말.
공사관 나라를 대표해 다른 나라에서 온 외교 사절이 업무를 보는 곳.
왕비 민씨 고종의 아내로, 흥선 대원군과 대립했음. 뒤에 명성 황후라고 칭함.

1 개화 정책을 펴면서 새롭게 만든 조선의 신식 군대 이름을 쓰세요.

2 주어진 말을 이용해 임오군란에 대해 설명하는 글을 써 보세요. …·· *수행평가 대비*

> 별기군
> 차별 대우
> 구식 군인

3 임오군란에 대한 설명으로 맞으면 〇, 틀리면 ✕ 하세요.

① 구식 군인들은 일본 교관과 일본 공사관을 습격했어요. ------------------------------ (   )
② 흥선 대원군은 구식 군인들을 다독이며 별기군을 없앴어요. ------------------ (   )
③ 고종은 별기군에게 구식 군인들을 공격하게 했어요. ------------------------ (   )
④ 왕비 민씨는 청나라에 도움을 요청했어요. ------------------------------------ (   )

4 글을 읽으면서 빈칸에 들어갈 알맞은 말을 쓰세요.

임오군란 이후 [   ] 가 조선의 정치에 간섭하기 시작했어요.

5 왕비 민씨의 요청으로 조선에 온 청나라 군대가 한 일은 무엇인지 두 가지 써 보세요. …·· *수행평가 대비*

역사 포인트 1882년, 신식 군대 별기군과의 차별 대우에 불만이 쌓인 구식 군인들이 임오군란을 일으켰어요.

3일 만에 끝나 버린 갑신정변

임오군란 이후 조선에 군대를 주둔시킨 청나라는 조선의 개화를 반대했어요. 급진 개화파는 하루빨리 청나라의 간섭에서 벗어나 일본처럼 서양의 법과 제도를 받아들여 근대 국가로 나아가고 싶어 했어요. 하지만 청나라의 간섭 때문에 좀처럼 뜻을 펼칠 수가 없었지요.

1884년 10월 17일, 우정총국에서 개국 축하 잔치가 성대하게 열렸어요. 잔치가 시작되고 얼마 지나지 않아 갑자기 밖에서 불길이 일고, 비명 소리가 들렸어요. 우정총국은 순식간에 아수라장이 되고 말았어요.

김옥균, 홍영식, 박영효, 서재필 등 급진 개화파가 반대파를 없애고 권력을 잡기 위해 계획한 일이었어요. 급진 개화파는 혼란한 틈을 타 곧바로 궁궐로 갔어요. 고종과 왕비 민씨에게 청나라군이 쳐들어왔다고 거짓말을 해 경운궁으로 피하도록 했어요. 그런 다음 반대파를 없애고, 권력을 잡았어요. 이 사건이 바로 '갑신정변'이에요.

급진 개화파는 다음 날, 새로운 정부를 구성하고 조선을 근대 국가로 만들기 위한 개혁안을 발표했어요. 개혁안에는 청나라에 대한 조공 폐지, 신분 제도 폐지, 능력에 따른 인재 선발 등에 대한 내용이 들어 있었어요.

그러나 3일째 되는 10월 19일에 청나라 군사가 들이닥쳤어요. 급진 개화파를 도와주기로 약속했던 일본군은 상황이 불리해지자 돌아가 버리고 말았어요.

결국 급진 개화파가 꿈꾸었던 개혁, 갑신정변은 3일 만에 실패로 끝나고 말았어요.

갑신정변을 일으킨 급진 개화파.
왼쪽부터 박영효, 서광범, 서재필, 김옥균

급진 개화파 김옥균을 중심으로, 조선을 서양식 근대 국가로 빠르게 바꾸자고 주장한 사람들.
우정총국 근대적인 우편 제도에 대한 모든 일을 맡아보던 관아.
정변 정치상의 큰 변화.

1 글을 읽으면서 급진 개화파의 주장으로 알맞은 말에 ◯ 하세요.

하루빨리 (**청나라** / **일본**)의 간섭에서 벗어나 (**청나라** / **일본**)처럼 서양의 법과 제도를 받아들여 (**근대 국가** / **독립 국가**)를 만들어야 한다.

2 글을 읽으면서 괄호에 들어갈 알맞은 말을 보기 에서 찾아 쓰세요.

> 보기   우정총국   개혁안   갑신정변   청나라군

(   )은 1884년, 급진 개화파가 (   )의 개국 축하 잔칫날에 반대파를 없애고 권력을 잡은 사건이에요.

3 갑신정변을 일으킨 급진 개화파 중 네 사람의 이름을 쓰세요.

----

4 급진 개화파의 개혁안 내용을 두 가지 써 보세요.

----

5 갑신정변이 실패한 이유에 맞게 이어서 글을 써 보세요. 

청나라군이 --

일본군은 --

1884년, 조선의 빠른 근대화를 원했던 급진 개화파가 우정총국 개국 축하 잔칫날에 갑신정변을 일으켜 권력을 잡았어요. 그러나 청나라군이 들이닥쳐 3일 만에 실패로 끝났어요.

서양과 일본의 침입을 물리친 **강화도**

강화도는 서양의 군함이 쳐들어와 병인양요와 신미양요가 일어났던 곳이에요.
또 일본의 군함 운요호가 쳐들어온 곳이기도 하지요. 강화도에는 조선군이 외세의
침략에 맞서 싸운 흔적이 지금까지 남아 있어요.

외규장각
병인양요 때 프랑스군이 이곳에 보관되어
있던 문화재를 불태우고 훔쳐 갔어요.

광성보 용두돈대
신미양요 때 어재연 장군이 미군과 싸운
곳이에요. 돈대는 흙을 쌓아 주변보다 높게
만든 것을 말해요.

정족산성
병인양요 때 양헌수 장군이 프랑스군을
크게 이긴 곳이에요.

초지진
일본의 군함 운요호가 조선에 왔을 때
대포를 쏘아 접근을 막은 곳이에요.

덕진진
신미양요 때 미군과 가장 치열한 포격전을 벌인 곳이에요.

초성 퀴즈를 풀어라!

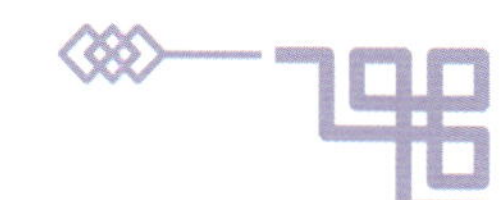

글을 읽고, 어디인지 초성을 참고해 알맞은 답을 쓰세요.

일본의 군함 운요호가 조선에 왔을 때
대포를 쏘아 접근을 막은 곳은?

  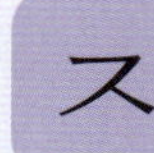

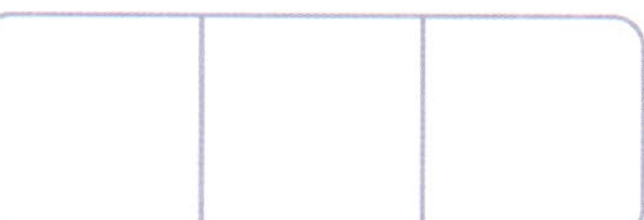

신미양요 때 어재연 장군이 미군과 싸운
곳은?

  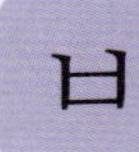

병인양요 때 프랑스군이 훔쳐 간 문화재가
보관되어 있던 곳은?

병인양요 때 양헌수 장군이 프랑스군을
크게 이긴 곳은?

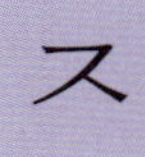   

괄호에 들어갈 알맞은 말을 [보기]에서 찾아 쓰면서 '흥선 대원군과 외세의 침입'과 '개항과 개화', '개화를 둘러싼 갈등'에 대해 정리해 보세요.

흥선 대원군의 개혁

① (　　　　)을 47개만 남기고 대대적으로 정리했다.

호포제와 사창제를 실시했다.

경복궁을 다시 지으면서 백성들의 원망을 샀다.

흥선 대원군과 외세의 침입

② 전국에 (　　　　)를 세우고 서양과 결코 교류하지 않겠다는 뜻을 강력히 밝혔다.

병인양요

1866년에 프랑스가 강화도에 쳐들어왔다.

신미양요

1871년에 미국이 강화도에 쳐들어왔다.

개항과 개화

운요호 사건

③ 1875년, (　　　　)이 군함 운요호를 강화도에 보냈다.

일본은 자기 나라와 통상 조약을 맺어야 한다고 위협했다.

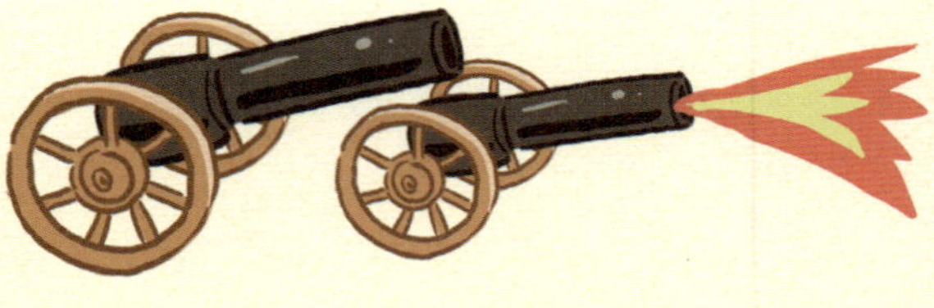

조선보다 먼저 서양 문물을 받아들인 일본의 모습을 살펴보기 위해서 일본에 수신사를 보냈다.

⑤ 조선의 선비들은 개화를 강하게 반대하며 고종에게 상소를 올리고, (　　　) 운동을 벌였다.

개화

⑥ 고종은 (　　　) 이라는 기구를 설치해 개화 정책을 펴 나갔다.

신식 군대인 별기군을 만들었다.

강화도 조약

⑦ 구식 군인들이 (　　　)과의 차별 대우를 참지 못하고 1882년, 반란을 일으켰다.

임오군란

④ 1876년에 일본과 맺은 조약으로, 우리나라가 외국과 맺은 최초의 근대적 조약이자 조선에 불리한 내용이 많은 (　　　) 조약이었다.

개화를 둘러싼 갈등

조선에 온 청나라군은 반란을 일으켰던 군인들을 처형하고, 흥선 대원군을 청나라로 끌고 갔다.

⑧ 1884년 10월 17일, (　　　)의 개국 축하 잔칫날에 급진 개화파가 반대파를 없애고 권력을 잡은 사건이다.

갑신정변

급진 개화파는 조선을 근대 국가로 만들기 위한 개혁안을 발표했지만, 3일 만에 실패로 끝나고 말았다.

일본의 만행과 독립 협회 설립

1894년

동학 농민 운동
동학을 믿는 사람들이 농민 운동이 일으켰어요.

갑오개혁
일본을 앞세운 사람들이 조선 개혁안을 발표했어요.

1895년

을미사변
일본군이 명성 황후를 잔인하게 시해했어요.

단발령 실시
친일파가 개혁을 이유로 머리를 짧게 깎는 단발령을 발표했어요.

1896년

아관 파천
고종이 러시아 공사관으로 몸을 피했어요.

독립 협회 설립
조선의 자주독립을 주장하는 독립 협회가 만들어졌어요.

1897년

독립문 세움
독립 협회가 독립문을 세웠어요.

26 녹두 장군과 동학 농민 운동

동학 지도자 전봉준은 전라도 고부 지역에 살았어요. 이 지역의 군수 조병갑이 농민들의 곡식과 재산을 빼앗으며 괴롭히자, 전봉준은 농민들을 이끌고 관아로 쳐들어갔어요. 창고에 쌓인 쌀을 꺼내 나누어 주고, 억울하게 잡힌 사람들을 풀어 주었지요.

전봉준은 백성들을 괴롭혀 제 주머니만 채우는 부패한 관리들을 벌주어야겠다고 마음먹었어요. 그래서 동학교도들을 중심으로 사발통문을 돌리고 수천 명의 농민군을 모아 봉기했어요. 이렇게 '동학 농민 운동'이 시작되었어요.

"백성들을 짓밟는 관리들의 포악한 정치를 없애고, 어려운 백성들을 구하자!"

동학 농민군은 보국안민을 내세우며 순식간에 전라도 지역을 차지하고, 전주성까지 점령했어요. 이 소식에 놀란 조선 정부는 청나라에 군대를 보내 줄 것을 요청했어요. 청나라가 군대를 보내자 일본도 지지 않고 조선에 군대를 보냈어요. 그러자 동학 농민군은 청나라와 일본의 군대가 들어오는 것을 막아야겠다고 생각했어요. 스스로 물러나 모두 고향으로 돌아갔지요. 하지만 일본 군대는 돌아가지 않고, 경복궁으로 쳐들어가 일본과 친한 사람들로 정부를 구성하게 했어요.

일본군을 몰아내기 위해 다시 일어난 전봉준과 동학 농민군은 한양으로 향했어요. 동학 농민군은 공주 우금치에서 일본군과 전투를 벌였어요. 조총과 대나무로 만든 죽창이 무기의 전부였던 동학 농민군은 신식 무기로 무장한 일본군에 크게 지고, 전봉준은 잡히고 말았어요. 이렇게 동학 농민 운동은 끝이 났어요.

일본군에게 붙잡혀
재판을 받으러 가는 전봉준

역사용어

군수 조선 시대 군의 으뜸 벼슬.

사발통문 사발을 엎어 놓고 빙 둘러 가며 참여자들의 이름을 쓴 문서.

보국안민 나랏일을 돕고 백성을 편안하게 함.

1 동학 농민 운동을 이끈 사람은 누구인지 쓰세요.

동학 지도자

2 각각의 동학 농민 운동이 일어난 이유를 써 보세요. ···· 수행평가 대비

1차 봉기:

2차 봉기:

3 글을 읽으면서 괄호에 들어갈 알맞은 말을 쓰세요.

동학 농민군은 외국 군대가 (   )에 들어오는 것을 막기 위해 스스로 물러나 모두 고향으로 돌아갔어요.

4 동학 농민 운동에 대한 설명으로 맞으면 ○, 틀리면 ✗ 하세요.

① 조선 정부는 청나라에 군대를 보내 줄 것을 요청했어요. ----------------------------- (   )
② 동학 농민군이 공주 우금치에서 일본군과 전투를 벌였어요. ------------------- (   )
③ 청나라군은 동학 농민군을 도와 일본군과 싸웠어요. ----------------------------- (   )
④ 전봉준이 일본군을 크게 물리쳤어요. --- (   )

5 일본 군대가 돌아가지 않고 조선에서 한 일은 무엇인지 써 보세요.

1894년, 관리들의 포악한 정치를 없애고, 어려운 백성들을 구하고자 동학 농민 운동이 일어났어요. 그 뒤 일본을 몰아내기 위해 다시 일어났지만 일본군에게 크게 졌어요.

갑오개혁으로 바뀐 것은 무엇일까?

　1894년, 동학 농민 운동을 핑계로 조선에 온 일본은 서서히 욕심을 드러냈어요. 먼저 경복궁을 점령하고 김홍집을 앞세워 친일 정부를 새롭게 구성했어요.

　일본을 등에 업고 권력을 잡은 김홍집, 어윤중 등은 오랫동안 개혁을 준비해 온 사람들이었어요. 그들은 조선의 정치, 경제, 사회 제도를 근대적으로 바꾸려고 했어요.

　김홍집은 군국기무처라는 기구를 만들고, 여러 가지 개혁안을 발표했어요. 이것이 1894년에 시작된 '갑오개혁'이에요. 갑오개혁안에는 '신분 제도와 노비 제도를 없앤다.', '과거 제도를 없애고 능력에 따라 인재를 뽑아 쓴다.', '과부의 재혼을 자유에 맡긴다.' 등의 내용이 들어 있었어요.

　갑오개혁안이 발표되자 양반들은 강하게 반대했어요. 신분 제도와 과거 제도를 없애는 것과 과부의 재혼을 허락하는 것은 조선의 유교 질서를 무너뜨리는 일이라고 생각했기 때문이에요.

　갑오개혁은 1896년까지 세 차례에 걸쳐 이루어졌어요. 조선은 조금씩 근대 국가의 모습으로 바뀌어 갔어요. 그러나 갑오개혁이 일본의 간섭 아래 이루어진 개혁이라는 것이 문제였어요. 많은 사람의 지지를 받지 못했지요. 또 개혁에 필요한 돈을 일본에서 빌리는 바람에 일본에 큰 빚을 지게 되었어요. 게다가 일본의 간섭 때문에 꼭 필요한 국방이나 외교 문제에 관한 개혁은 전혀 이루지 못했어요.

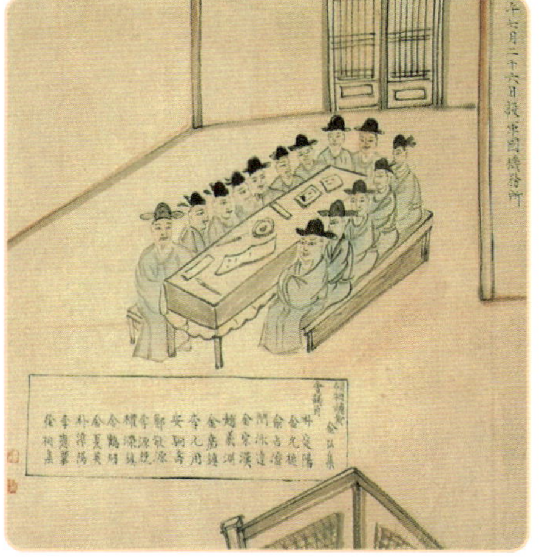
군국기무처의 회의 모습

 역사 용어

군국기무처 갑오개혁을 추진했던 기관으로, 1894년 6월부터 12월까지 있었음.
과부 남편을 잃고 혼자 사는 여성.
국방 다른 나라의 침략에 대비하기 위한 준비를 갖추고 국토를 지키는 일.

1 글을 읽으면서 빈칸에 들어갈 알맞은 말을 쓰세요.

1894년, 김홍집은 [   ]라는 기구를 만들고,

조선의 여러 제도를 근대적으로 바꾸려는 [   ]을 실시했어요.

2 갑오개혁은 조선의 어떤 제도를 바꾸려고 했는지 쓰세요.

일본을 등에 업고 권력은 잡은 김홍집, 어윤중 등은 조선의

___________, ___________, ___________ 제도를 근대적으로 바꾸려고 했어요.

3 갑오개혁안에 들어 있는 개혁안을 두 가지 써 보세요. 

_ _

4 양반들이 갑오개혁안에 반대한 이유에 맞게 빈칸에 알맞은 말을 쓰세요.

신분 제도와 과거 제도를 없애는 것과 과부의 재혼을 허락하는 것은 조선의 [   ]를

무너뜨리는 일이라고 생각했어요.

5 갑오개혁의 문제점으로 옳지 <u>않은</u> 것을 고르세요. (   )

① 일본의 간섭 아래 이루어진 개혁이라 사람들의 지지를 받지 못했어요.

② 개혁에 필요한 돈을 일본에서 빌려 일본에 큰 빚을 지게 되었어요.

③ 조선이 근대 국가의 모습으로 바뀌어 갔어요.

④ 꼭 필요한 국방이나 외교 문제에 관한 개혁은 이루지 못했어요.

> **역사 포인트**
> 1894년, 김홍집 등은 갑오개혁을 통해 신분 제도, 노비 제도,
> 과거 제도 등을 폐지하며 조선의 제도를 근대적으로 바꾸어 갔어요.

일본의 만행, 을미사변과 단발령

1894년, 일본은 청나라를 공격해 청일 전쟁을 일으켰어요. 이 전쟁에서 승리한 일본은 조선을 독차지하려는 욕심을 드러냈어요. 그러던 사이 끔찍한 일이 일어났어요.

1895년 8월 20일 새벽, 일본군과 낭인들이 경복궁에 들이닥쳐 명성 황후를 잔인하게 시해했어요. 명성 황후가 러시아를 끌어들여 일본 세력을 몰아내려고 하자 앙심을 품고 이런 일을 저지른 것이에요. 이 일을 '을미사변'이라고 해요. 을미사변이 알려지자 조선 사람들은 크게 분노하고 슬퍼했어요.

을미사변 이후 일본의 간섭은 더 심해졌어요. 김홍집을 중심으로 친일파 정부를 구성했고, 이들은 개혁의 하나로 '단발령'을 발표했어요. 단발령은 상투를 자르라는 명령이었어요. 머리가 짧으면 위생적이고 편리하다는 이유였지요.

"절대 안 된다! 내 목을 자를지언정 내 머리카락은 자를 수 없다"

유학자를 비롯한 많은 조선 사람들은 단발령을 거부했어요. 당시 조선 사람들은 머리카락도 부모로부터 물려받은 것이므로 함부로 자르면 안 된다고 생각했어요. 또 머리카락을 자르는 것은 조선의 전통에 어긋나고, 일본을 따라하는 짓이라며 안 좋게 생각했어요. 하지만 관리들은 가위를 들고 다니며 사람들의 상투를 마구 잘랐어요. 사람들은 강제로 잘린 상투를 들고 울부짖으며 분노했어요.

을미사변과 단발령으로 인해 일본에 대한 감정이 나빠져 전국 곳곳에서는 일본을 몰아내기 위한 의병이 거세게 일어났어요.

낭인 일본의 떠돌이 무사.
시해 왕이나 왕비 등 윗사람을 죽이는 일.

1 글을 읽고, 어떤 사건인지 쓰세요.

> 명성 황후가 경복궁에서 일본군과 낭인들에게
> 잔인하게 시해당한 사건

2 글을 읽으면서 알맞은 말에 ◯ 하세요.

일본은 명성 황후가 (**청나라** / **러시아**)를 끌어들여 (**일본** / **청나라**) 세력을
몰아내려고 하자 을미사변을 일으켰어요.

3 조선 사람들이 단발령을 거부한 이유와 친일파 정부가 단발령을 실시한 이유를 써 보세요. 

조선 사람들이 단발령을 거부한 이유:

- -

친일파 정부가 단발령을 실시한 이유:

- -

4 을미사변과 단발령 이후 일어난 일에 맞게 빈칸에 들어갈 말을 쓰세요.

일본을 몰아내자며 전국 곳곳에서 ☐☐☐☐ 이 일어났어요.

역사 포인트　1894년, 일본군과 낭인들이 명성 황후를 시해하는 을미사변이
일어났어요. 그 뒤 친일파 정부는 상투를 자르는 단발령을 내렸어요.

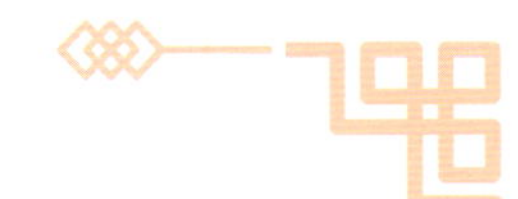

러시아 공사관으로 간 고종

을미사변이 일어난 뒤 고종은 경복궁에 갇혀 일본의 감시를 받았어요. 단발령이 내려졌을 때에도 일본과 친일파 관리들의 강요에 어쩔 수 없이 머리카락을 잘라야 했어요. 일본의 감시를 받는 고종은 자신도 명성 황후처럼 시해당할 수 있다는 생각에 하루하루 불안하게 보냈어요.

고종은 일본의 위협으로부터 벗어나려면 러시아의 도움이 필요하다고 생각했어요. 마침 일본 군대가 의병을 막기 위해 지방으로 내려가자 경복궁에서 빠져나가야겠다고 결심했어요.

1896년 2월 11일 새벽, 고종은 궁녀가 타는 가마에 올라 몰래 경복궁을 빠져나왔어요. 그리고 경복궁 앞에서 기다리고 있던 러시아 군사들의 보호를 받으며 러시아 공사관으로 몸을 피했어요. 이것을 '아관 파천'이라고 해요.

러시아는 고종을 환영했어요. 조선의 왕이 러시아 공사관으로 온 지금이야말로 일본을 몰아내고 조선을 독차지할 기회라고 생각했어요.

"일본의 간섭에서 벗어나려면 친일 관리들을 모두 처형해야 한다!"

고종은 친일파 관리들을 모두 없애고, 친러파 관리들로 새로운 정부를 구성했어요. 이때 친일파 김홍집과 어윤중은 목숨을 잃었고, 유길준은 일본으로 도망갔어요. 고종이 러시아 공사관에 머무르는 동안, 러시아는 조선의 광산을 개발할 권리, 압록강과 울릉도 등의 나무를 벨 권리 등을 차지했어요.

현재 남아 있는 러시아 공사관 전망 탑

역사
용어

아관 러시아 공사관을 일컫는 말.
친러파 러시아와 친하게 지내는 사람으로, 대한 제국 때는 이완용, 이범진 등이 있었음.
유길준 우리나라 최초의 일본과 미국 유학생. 서양 문물을 소개하는 『서유견문』을 씀.

1 을미사변 이후 고종은 어떤 생활을 했는지 두 가지 써 보세요.

2 글을 읽으면서 알맞은 말에 ◯ 하세요.

고종은 (**청나라 / 일본**)의 위협으로부터 벗어나려면 (**청나라 / 러시아**)의 도움이 필요하다고 생각했어요.

3 고종이 일본의 위협을 피해 러시아 공사관으로 몸을 피한 사건은 무엇인지 쓰세요.

4 러시아가 러시아 공사관으로 온 고종을 환영한 이유를 써 보세요.

5 고종이 러시아 공사관에 머무르는 동안 일어난 일을 모두 고르세요. (　　　,　　　)

① 명성 황후가 시해를 당했어요.

② 친러파 관리들로 새로운 정부가 구성되었어요.

③ 러시아가 조선의 광산을 개발할 권리를 차지했어요.

④ 고종이 친러파 관리들을 처형하라고 명령했어요.

1896년, 고종은 일본의 위협을 피해 러시아 공사관으로 몸을 피했어요. 고종이 러시아 공사관에 머무르는 동안 러시아는 광산 개발권, 압록강과 울릉도 나무를 벨 권리 등을 차지했어요.

독립 협회는 어떤 일을 했을까?

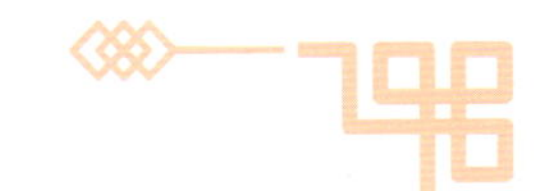

고종이 러시아 공사관에 머무르는 동안, 러시아뿐 아니라 세계 강대국들이 앞다투어 조선에서 이득을 챙겼어요. 조선은 바람 앞의 등불처럼 위태로웠어요.

1896년 7월, 이런 상황을 지켜만 볼 수 없던 사람들이 '독립 협회'라는 단체를 만들었어요. 미국 유학을 마치고 돌아온 서재필을 비롯해 윤치호, 이상재 등이 중심이 되어, 개화에 찬성하는 사람들이 만든 것이지요.

독립 협회는 다른 나라에 기대지 말고 스스로 나라의 권리를 지키자는 자주독립을 주장했어요. 독립 협회는 청나라의 간섭을 받지 않겠다는 의지를 널리 알리려고 했어요. 1897년, 사람들에게 성금을 모아 청나라 사신을 맞이하던 영은문을 허물고, 그 자리에 독립문을 세웠어요.

독립 협회는 『독립신문』도 만들어 나라 안팎의 소식을 사람들에게 전했어요. 관리들의 잘못을 비판하기도 하고, 외국의 발달된 제도와 문화를 소개하기도 했어요. 신문은 누구나 쉽게 읽을 수 있도록 한글로 펴냈어요.

또 여러 사람이 모여 토론하는 만민 공동회도 열었어요. 만민 공동회에서는 누구나 자신의 의견을 밝히고 토론할 수 있었어요. 만 명이 넘는 사람이 종로에 모여 러시아의 간섭과 조선에서 이득을 챙기는 강대국들을 비판했어요. 만민 공동회에서 나온 정치에 관한 의견은 고종에게 전달되기도 했어요.

독립 협회와 만민 공동회를 통해 사람들은 누구나 나랏일에 대해 알고 참여할 권리가 있다는 것을 깨닫게 되었어요.

독립문

『독립신문』

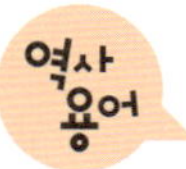

역사용어
서재필 김옥균, 박영효 등과 함께 갑신정변을 일으켰다가 미국으로 간 정치가.
영은문 중국 사신을 맞이하기 위해 세운 문으로, 사신이 머무는 모화관 옆에 세워져 있었음.

1 독립 협회가 만들어졌을 때 조선의 상황은 어땠는지 써 보세요. …

---

2 독립 협회가 주장한 것은 무엇인지 써 보세요. …

---

3 글을 읽으면서 알맞은 말에 ◯ 하세요.

독립 협회는 사람들에게 성금을 모아 청나라 사신을 맞이하던

(**영은문** / **독립문**)을 허물고, 그 자리에 (**영은문** / **독립문**)을 세웠어요.

4 독립 협회가 나라 안팎의 소식을 전하기 위해 펴낸 것은 무엇인지 쓰세요.

5 만민 공동회에 대한 설명으로 옳지 <u>않은</u> 것을 고르세요. (　　　　)

① 여러 사람이 모여 토론을 했어요.

② 양반들만 자신의 의견을 밝힐 수 있었어요.

③ 러시아의 간섭과 조선에서 이득을 챙기는 강대국들을 비판했어요.

④ 이곳에서 나온 의견이 고종에게 전달되기도 했어요.

1896년에 만들어진 독립 협회는 『독립신문』을 펴내고, 독립문을 세웠으며 만민 공동회를 열었어요.

자주독립의 의지가 담긴 **독립문**

독립문은 갑오개혁 이후인 1897년에 독립 협회가 자주독립의 의지를 다지기 위해,
중국 사신을 맞이하던 영은문을 허물고 그 자리에 세운 것이에요.

독립문은 프랑스 파리의 개선문을 본떠서 만들었어요. 가운데 부분에는 무지개
모양의 홍예문이 있고, 문 안쪽에는 위로 통하는 돌계단이 있어요. 앞뒤 현판석에는
각각 한글과 한자로 '독립문', '獨立門'이라고 쓴 글자와 태극기가 새겨져 있어요.

오늘날 독립문은 서울특별시 서대문구 독립 공원 안에 있는데, 원래는 이곳으로부터
남동쪽으로 70미터 떨어진 길 가운데에 있던 것을 지금의 위치로 옮긴 것이라고 해요.

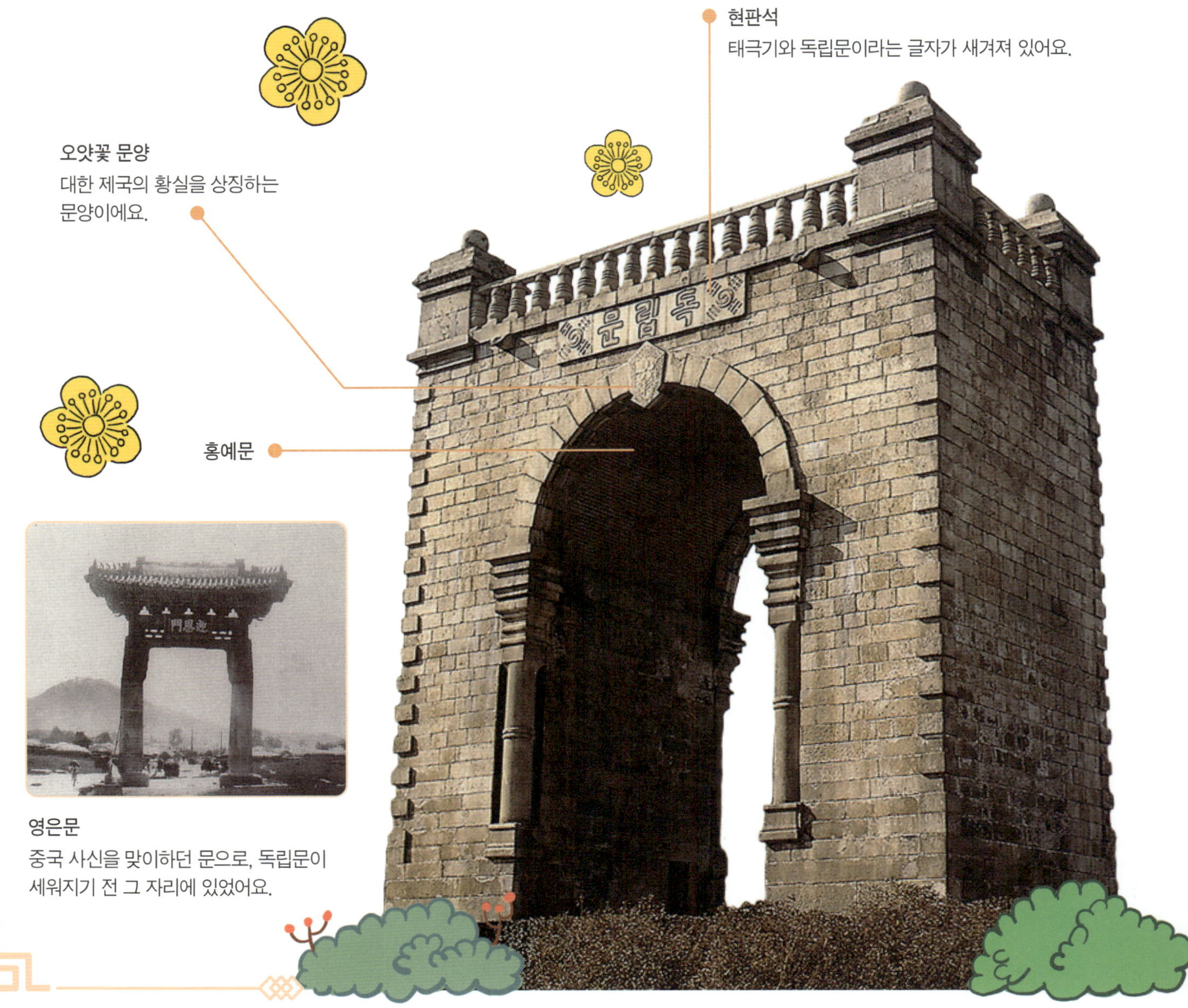

현판석
태극기와 독립문이라는 글자가 새겨져 있어요.

오얏꽃 문양
대한 제국의 황실을 상징하는
문양이에요.

홍예문

영은문
중국 사신을 맞이하던 문으로, 독립문이
세워지기 전 그 자리에 있었어요.

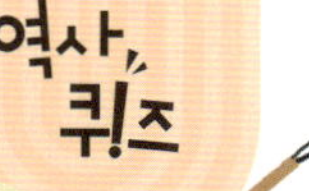

글자 퍼즐을 풀어라!

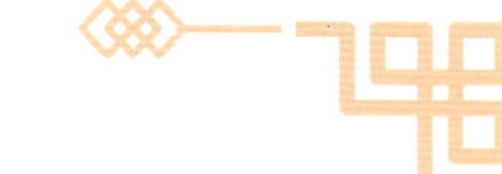

가로 열쇠와 세로 열쇠를 보고, 빈칸에 알맞은 글자를 써서 글자 퍼즐을 풀어 보세요.

가로 열쇠

❶ 군국기무처라는 기구를 만들고, 조선의 여러 제도를 근대적으로 바꾸려고 한 개혁 운동이에요.

❷ 독립문이 세워지기 전, 중국 사신을 맞이하던 문이에요.

세로 열쇠

❶ 대한 제국의 황실을 상징하는 문양이에요.

❷ 1897년에 독립 협회가 자주독립의 의지를 다지기 위해 세웠어요.

괄호에 들어갈 알맞은 말을 보기 에서 찾아 쓰면서 '동학 농민 운동'과 '외세의 간섭', '독립 협회'에 대해 정리해 보세요.

① 동학 지도자 (　　　　)이 농민들을 이끌고 관아로 쳐들어가 창고에 쌓인 쌀을 나누어 주고, 억울하게 잡힌 사람들을 풀어 주었다.

전봉준이 동학교도들을 중심으로 수천 명의 농민군을 모아 봉기했다.

전라도 고부 지역의 군수 조병갑이 농민들의 곡식과 재산을 빼앗으며 괴롭혔다.

동학 농민군은 보국안민을 내세우며 순식간에 전라도 지역을 차지하고, 전주성까지 점령했다.

1차 봉기

동학 농민 운동

갑오개혁

2차 봉기

③ 김홍집 등은 (　　　　)라는 기구를 만들고, 조선의 제도를 근대적으로 바꾸는 갑오개혁을 시작했다.

전봉준과 동학 농민군은 일본군을 몰아내기 위해 다시 일어났다.

일본의 간섭 아래 이루어진 개혁이라 많은 사람의 지지를 받지 못했고, 일본에 빚을 지게 되었다.

② 동학 농민군은 공주 (　　　　)에서 일본군과 전투를 벌였으나 크게 졌다.

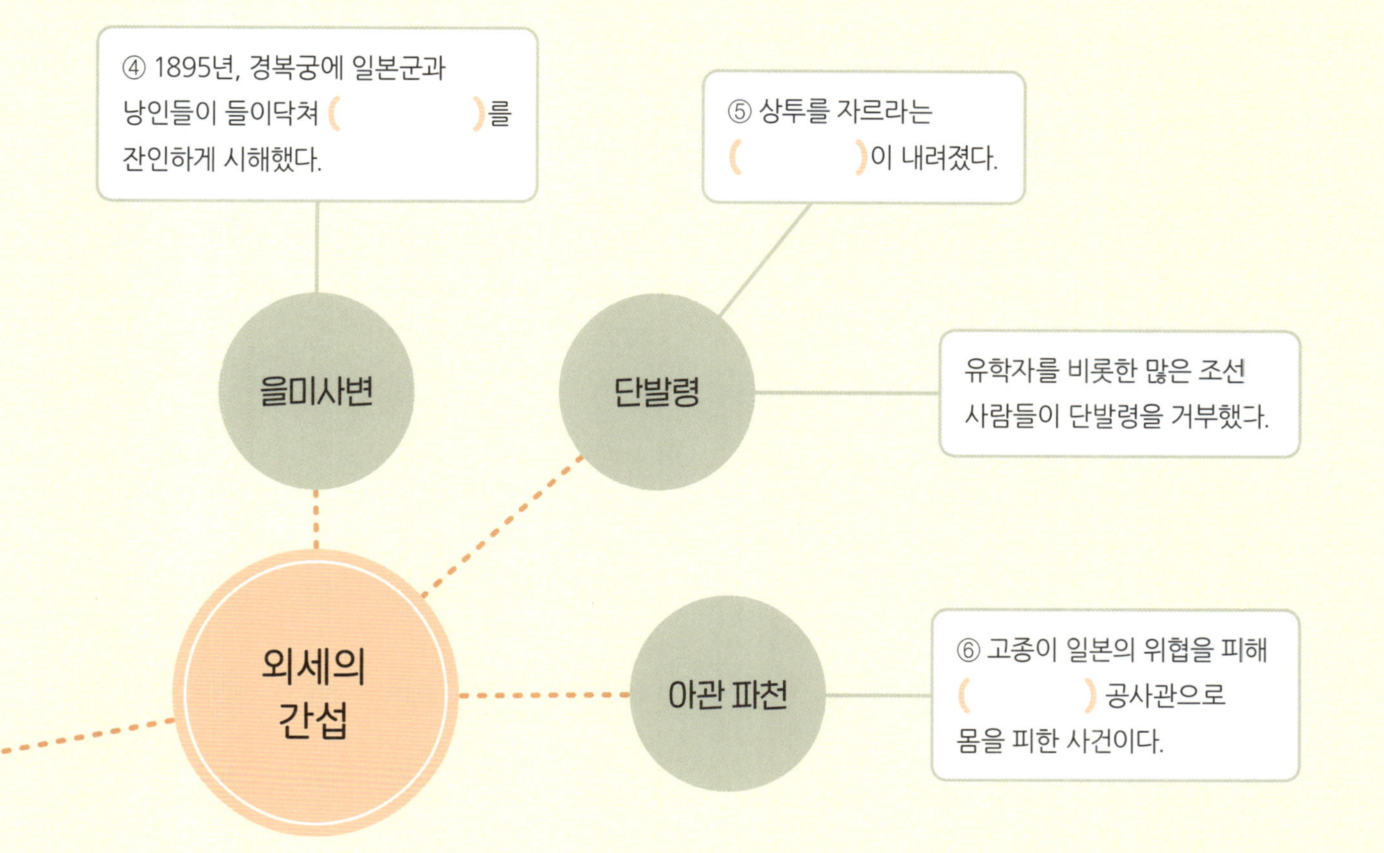

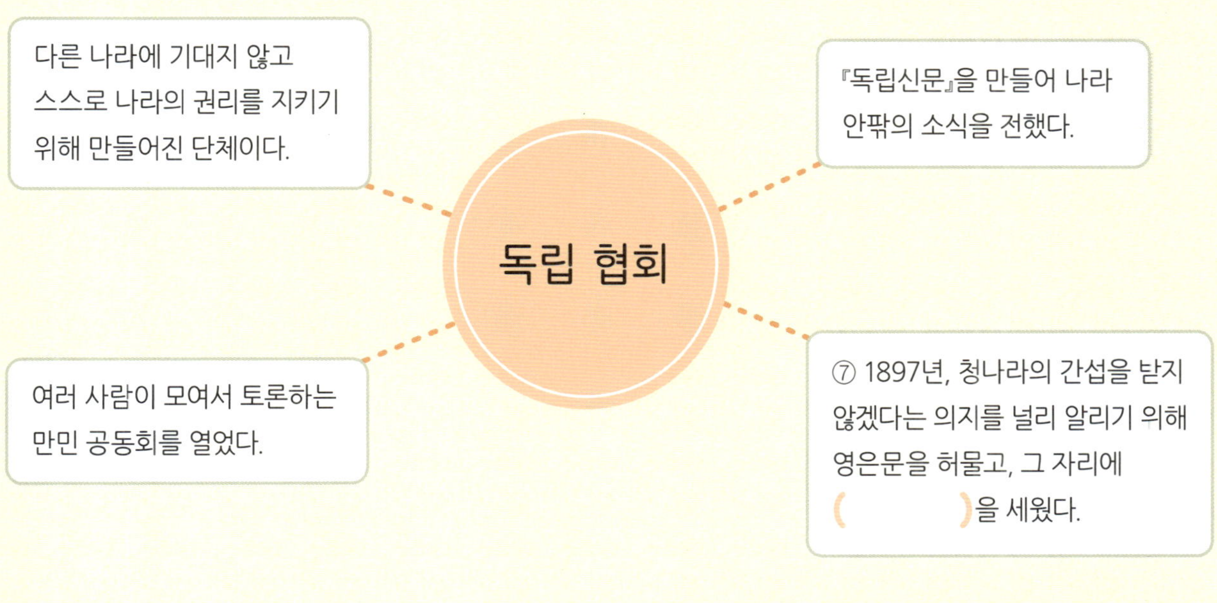

보기 　러시아　명성 황후　우금치　단발령　전봉준　군국기구처　독립문

 MEMO

MEMO

MEMO

MEMO

마인드맵으로 정리하는

한국사 독해 ④

정답

kids' SCHOLE

정답

1 9쪽

1. ① 2. ③ 3. 특산물 대신 쌀이나 베, 무명, 돈 등으로 세금을 내는 제도로, 공납으로 큰 어려움을 겪는 백성들의 부담을 덜어 주기 위해 실시했어요. 4. 양반 / 더 많은 세금을 내야 했기 때문이에요. 5. 광해군, 숙종

2 11쪽

1. 모판, 논 2. 튼튼한 모를 골라 심기 때문에 벼가 잘 자라 더 많은 쌀을 얻을 수 있어요. 잡초와 모를 구별하기 쉬워 잡초를 뽑는 데 드는 일손을 크게 줄일 수 있어요. 한 사람이 농사지을 수 있는 땅이 훨씬 넓어졌어요. 모판에서 모가 자라는 동안 비는 땅에 보리를 기를 수 있었어요. 3. 가뭄에 대비해서 물을 모아 두기 위해 만들었어요. 4. 고랑 5. ① ○, ② ×, ③ ○, ④ ×

3 13쪽

1. 공인, 시전, 장시 2. ④ 3. 봇짐이나 지게에 물건을 지고 전국의 장시를 찾아다니며 물건을 파는 사람이에요. 4. 상, 평, 통, 보 5. 쌀, 무명

4 15쪽

1. 일본 어부들이 울릉도와 독도로 넘어와 물고기를 잡고 나무를 베어 갔기 때문이에요. 2. 울릉도와 독도는 조선의 땅이다! 일본 어부가 울릉도에 온 것이 잘못이다! 3. 독도, 아니다 4. 금지했어요 5. ③

역사 마인드맵 18~19쪽

① 대동법 ② 특산물 ③ 모내기법 ④ 공인 ⑤ 장시
⑥ 상평통보 ⑦ 독도

5 — 23쪽

1. 붕당   2. ① 남인, ② 서인, ③ 소론   3. 도움이 되었다 / 신경을 쓰지 않았다   4. 여러 붕당에서 인재를 골고루 뽑아 쓰는 정책이에요.   5. ④

6 — 25쪽

1. ① 규장각, ② 장용영   2. 자신과 함께 새로운 정치를 펼칠 젊고 능력 있는 인재를 기르기 위해서였어요. 훌륭한 인재들이 어떠한 간섭도 받지 않고 학문 연구에만 힘을 쏟게 하기 위해서였어요.   3. 초계문신   4. ③   5. ①

7 — 27쪽

1. 실학   2. ④   3. 이익: 농사짓는 농민에게 땅을 나눠 주자. / 박지원: 상업과 공업을 발달시키자.   4. 유형원, 이익, 정약용   5. 청나라

8 — 29쪽

1. 사절단, 연경   2. 청나라 수도 연경은 높고 화려한 건물들, 쌩쌩 달리는 수레, 물건을 사고파는 사람들이 북적이며 발달된 모습을 하고 있었기 때문이에요.   3. 제목: 『북학의』/ 담긴 내용: 청나라의 앞선 문물을 배우자.   4. ②   5. 북학파

9 — 31쪽

1. 이름: 거중기 / 좋은 점: 무겁고 커다란 돌을 쉽게 들어 올릴 수 있어요.   2. ③   3. 배들을 붙여서 강에 띄워 연결한 뒤 그 위에 널빤지를 깔아 만들었어요.   4. 천주교를 믿었기 때문이에요.   5. 목민심서 / 경세유표

10 — 33쪽

1. 자명종 / 천리경   2. 서양 문물을 접하기 전: 중국이 세상의 중심이야. / 서양 문물을 접한 뒤: 중국 이외에 더 넓은 세계가 있구나.   3. 서학   4. 모든 사람은 평등하고 누구나 착하게 살면 천국에 갈 수 있다는 천주교의 가르침이 신분 제도로 차별받던 조선의 백성들에게 새로운 기대를 심어 주었어요.   5. ②, ④

역사 퀴즈 — 35쪽

역사 마인드맵 — 36~37쪽

① 붕당 ② 규장각 ③ 수원 화성 ④ 거중기 ⑤ 실학
⑥ 상업 ⑦ 북학파 ⑧ 서학

11 41쪽

1. 풍속화   2. 서민들의 모습을 빠른 붓놀림으로 정감 있게 표현했어요.-김홍도 / 주로 양반들과 여인들의 일상을 가는 선으로 표현했어요.-신윤복   3. 조선 후기 서민들의 생활 모습을 생생하게 알 수 있어요.   4. 신한평, 김홍도   5. 미인도

12 43쪽

1. ②   2. 전기수 / 세책가   3. 『홍길동전』, 『춘향전』, 『흥부전』, 『심청전』, 『장화홍련전』   4. 제목: 『홍길동전』 / 쓴 이유: 신분 제도를 비판하고 관리들의 잘못을 꼬집기 위해서 썼어요.   5. ②

13 45쪽

1. 소리꾼이 북을 치는 고수의 장단에 맞춰 노래를 부르며, 중간중간 말과 몸짓을 곁들여 이야기를 전하는 공연이에요.   2. ① ○, ② ×, ③ ○, ④ ×   3. ④   4. 서민, 양반   5. 봉산 탈춤, 오광대, 하회 별신굿 탈놀이, 산대놀이

14 47쪽

1. ① ○, ② ×, ③ ○, ④ ○   2. 유교, 남성   3. 여성: 자식을 키우고 집안일에 필요한 바느질이나 학문만 교육받았어요. / 남성: 과거 시험을 치르기 위한 유학 교육을 받았어요.   4. 어려서는 아버지를 따라야 해요. 결혼해서는 남편을 따라야 해요. 늙어서는 아들을 따라야 해요.   5. ②, ④

15 49쪽

1. 신사임당   2. 이이   3. ① ×, ② ○, ③ ○, ④ ×
4. 『난설헌집』   5. 제주도에 큰 흉년이 들어 사람들이 굶어 죽을 위기에 처하자, 모은 돈으로 육지에서 쌀을 구해 와 아낌없이 나누어 주었어요.

역사 퀴즈 51쪽

역사 마인드맵 52~53쪽

① 김홍도 ② 풍속화 ③ 『홍길동전』 ④ 양반
⑤ 삼종지도 ⑥ 시인 ⑦ 이이 ⑧ 상인

16 57쪽

1. 외척, 세도 정치   2. 수렴청정   3. 안동 김씨 / 풍양 조씨 / 안동 김씨   4. 글도 배운 적이 없고 정치에도 어두운 강화 도령을 왕에 앉히면 자신들이 나랏일을 마음대로 휘두를 수 있다고 생각했기 때문이에요.   5. ④

17 59쪽

1. 삼정   2. 전세 / 군포   3. 갓 태어난 아이나 죽은 사람에게도 군포를 거두어들였어요. 이웃이나 친척이 도망가면 그 몫까지 내게 했어요.   4. 나라에서 양식이 떨어지는 봄에 곡식을 빌려주었다가 가을에 추수한 뒤 이자를 붙여 갚도록 하는 제도예요.   5. ③

18 61쪽

1. 홍경래의 난 / 임술 농민 봉기   2. ②   3. 홍경래의 난은 실패로 끝났어요. 하지만 그 뒤에 일어난 농민들의 봉기에 큰 영향을 주었어요.   4. ②, ③   5. 못된 관리를 벌주고, 세금 제도도 바로잡겠다고 했어요.

19 63쪽

1. 최제우 / 최시형   2. 서학 / 동학   3. 인내천 사상: 사람이 곧 하늘이다. / 후천 개벽 사상: 지금의 세상이 끝나고 새로운 세상이 열릴 것이다.   4. ① ○, ② ✕, ③ ✕, ④ ○   5. 동학은 신분 제도를 무너뜨리고, 백성들을 속이는 종교라며 동학을 금지했어요.

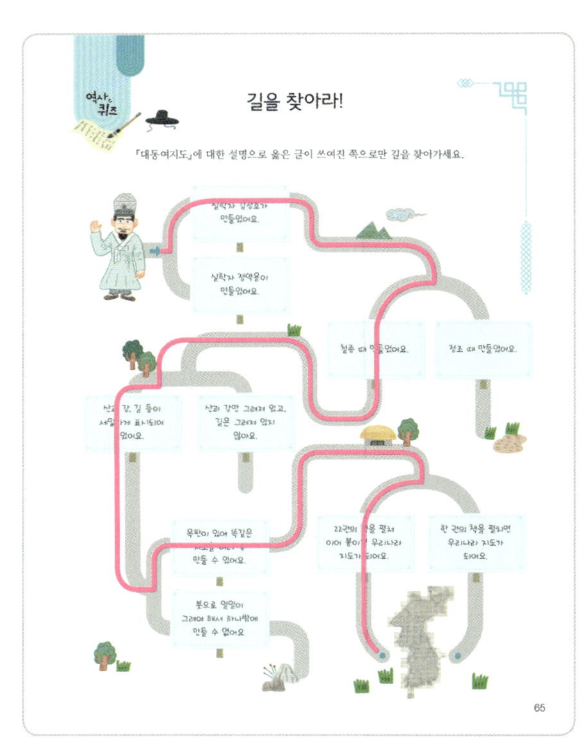

① 순조 ② 땅 ③ 군대 ④ 평안도 ⑤ 진주 ⑥ 최제우
⑦ 인내천 ⑧ 최시형

20 71쪽

1. 흥선 대원군   2. ③   3. 호포제 / 사창제   4. 왕실, 권위   5. 경복궁을 다시 짓기 위해 찍어 낸 당백전 때문에 물가가 크게 오르고, 수많은 백성이 공사에 불려 나와 일해야 했기 때문이에요.

21 73쪽

1. ① 병인양요, ② 신미양요   2. 정족산성 / 광성보
3. ②   4. 평양 사람들이 불태운 제너럴셔먼호 사건에 대해 책임을 지고 항구를 열라고 했어요.   5. 서양과 결코 교류하지 않겠다는 뜻을 강력히 밝히기 위해서였어요.

22 75쪽

1. 군함, 강화도, 초지진   2. ③   3. 운요호를 공격한 일을 사과하고 통상 조약을 맺으라고 요구했어요.   4. 부산 이외에 원산과 제물포의 두 항구를 더 열고, 외국인이 자유롭게 오가며 장사를 하게 했어요.   5. 근대적 / 불평등

23 77쪽

1. 조선보다 먼저 서양 문물을 받아들인 일본의 모습을 살펴보기 위해서였어요.   2. ③ / ①   3. 위정척사
4. ④   5. 고종은 하루빨리 서양의 문물을 받아들여 조선을 새롭게 바꾸고 싶었어요.

24 79쪽

1. 별기군   2. 신식 군대인 별기군과의 차별 대우에 불만이 쌓인 구식 군인들이 1년여 만에 월급으로 받은 쌀에 모래와 겨가 섞여 있자, 더 이상 참지 못하고 반란을 일으켰어요.   3. ① 〇, ② 〇, ③ ×, ④ 〇   4. 청나라
5. 반란을 일으켰던 군인들을 처형했어요. 흥선 대원군을 청나라로 끌고 갔어요. 조선의 외교와 정치에 간섭하기 시작했어요.

25 81쪽

1. 청나라, 일본, 근대 국가   2. 갑신정변, 우정총국
3. 김옥균, 홍영식, 박영효, 서재필, 서광범   4. 청나라에 대한 조공 폐지, 신분 제도 폐지, 능력에 따른 인재 선발
5. 청나라군이: 들이닥쳤어요. / 일본군은: 상황이 불리해지자 돌아갔어요.

역사 퀴즈 83쪽

한눈에 보는 역사 마인드맵 84~85쪽

① 서원 ② 척화비 ③ 일본 ④ 불평등 ⑤ 위정척사
⑥ 통리기무아문 ⑦ 별기군 ⑧ 우정총국

26 89쪽

1. 전봉준 **2.** 1차 봉기: 백성들을 괴롭혀 제 주머니만 채우는 부패한 관리들에게 벌을 주고 백성들을 구하기 위해 일어났어요. / 2차 봉기: 일본군을 몰아내기 위해서 일어났어요. **3.** 조선 **4.** ① ○, ② ○, ③ ×, ④ × **5.** 경복궁으로 쳐들어가 일본과 친한 사람들로 정부를 구성했어요.

27 91쪽

1. 군국기무처, 갑오개혁 **2.** 정치, 경제, 사회 **3.** 신분 제도와 노비 제도를 없앤다. 과거 제도를 없애고 능력에 따라 인재를 뽑아 쓴다. 과부의 재혼을 자유에 맡긴다. **4.** 유교 질서 **5.** ③

28 93쪽

1. 을미사변 **2.** 러시아, 일본 **3.** 조선 사람들이 단발령을 거부한 이유 : 머리카락은 부모로부터 물려받은 것이므로 함부로 자르면 안 된다고 생각했어요. 조선의 전통에 어긋나고, 일본을 따라하는 짓이라며 안 좋게 생각했어요. / 친일파 정부가 단발령을 실시한 이유: 머리가 짧으면 위생적이고 편리하다고 했어요. **4.** 의병

29 95쪽

1. 고종은 경복궁에 갇혀 일본의 감시를 받았어요. 일본과 친일파 관리들의 강요에 어쩔 수 없이 머리카락을 잘랐어요. 자신도 명성 황후처럼 시해당할 수 있다는 생각에 하루하루 불안하게 보냈어요. **2.** 일본, 러시아 **3.** 아관 파천 **4.** 일본을 몰아내고 조선을 독차지할 기회라고 생각했기 때문이에요. **5.** ②, ③

30 97쪽

1. 아관 파천 뒤 세계 강대국들이 앞다투어 조선에서 이득을 챙겼어요. **2.** 다른 나라에 기대지 말고 스스로 나라의 권리를 지키자는 자주독립을 주장했어요. **3.** 영은문, 독립문 **4.** 독립신문 **5.** ②

역사 퀴즈 99쪽

역사 마인드맵 100~101쪽

① 전봉준 ② 우금치 ③ 군국기무처 ④ 명성 황후 ⑤ 단발령 ⑥ 러시아 ⑦ 독립문

MEMO

MEMO

오리는 선